Eurus

Notus

枝廣淳子
Junko Edahiro

地元経済を創りなおす

——分析・診断・対策

Zephyrus

岩波新書
1704

まえがき

２０１７年９月５日、京都大学と日立製作所が重要なプレスリリースを発表しました。少子高齢化や人口減少、産業構造の変化などが進む中で、どのように人々の暮らしや地域の持続可能性を保っていくことができるか？　それを考えるためのシナリオ分析に、ＡＩ(人工知能)を活用した研究結果です。

研究では、ＡＩによるシミュレーションが描き出した２０５２年までの約２万通りの未来シナリオを分類した結果、「都市集中シナリオ」と「地方分散シナリオ」で傾向が大きく２つに分かれることがわかりました。

「都市集中シナリオ」は、「主に都市の企業が主導する技術革新によって、人口の都市への一極集中が進行し、地方は衰退する。出生率の低下と格差の拡大がさらに進行し、個人の健康寿命や幸福感は低下する」というもの。「地方分散シナリオ」は、「地方へ人口分散が起こり、出生率が持ち直して格差が縮小し、個人の健康寿命や幸福感も増大する」というもので、持続可能性という視点からより望ましいとされました。

「都市集中シナリオ」の社会と「地方分散シナリオ」の社会は、「持続的なのか、破局的なのか」、その分岐の時期はいつかを解析した結果は、都市に住む人々にとっても、地方に住む人々にとっても、政府や自治体にとっても、ショッキングな問題を提起するものとなりました。

「今から8～10年後に、都市集中シナリオと地方分散シナリオとの分岐が発生し、以降は両シナリオが再び交わることはない」ことが明らかになったのです。

そして、望ましいとされる地方分散シナリオは、「地域内の経済循環が十分に機能しないと財政あるいは環境が極度に悪化し……やがて持続不能となる可能性がある。これらの持続不能シナリオへの分岐は17～20年後までに発生する。持続可能シナリオへ誘導するには、地方税収、地域内エネルギー自給率、地方雇用などについて経済循環を高める政策を継続的に実行する必要がある」というのです。

「いずれ、変化は必要だ」と多くの人が考えているでしょう。しかし、わずか10年足らずのうちに分岐点がやってくる。そのまえに、大きく地方分散シナリオに転換しなくてはならない、しかも、地域内の経済循環をしっかり回せるようにしておかないと、地方分散シナリオすらも持続不可能になってしまう——地元経済を「いま！」取り戻さなくては、創りなおさなくてはならないのです。

　そして、これは地方に住む人々だけの問題ではありません。「統計でみる市区町村のすがた2017」(総務省統計局編)によると、日本には、人口3万人未満の自治体が954あります。しかし、その人口を合計しても、日本の総人口の約8%にすぎません。他方、この人口3万人未満の自治体の面積を合わせると、日本全体の約48%になるのです。つまり、日本の面積の半分近くをわずか8%の住民が支えてくれているということなのです。これらの地方で地域の経済が回らなくなると、ますます人口減少に拍車が掛かり、いずれ、人のいない地域が広がっていくでしょう。そうなると、日本の国土を保全することすらおぼつかなくなってしまいます。

　今でも年間10万人もの人が東京に移住していると言います。地方の高校や大学を出た若い人たちが、東京に集まってきます。昨年、私の研究室のゼミ生が卒論で調べたところ、そういった地方から東京に出てきている若者も「地元に帰りたい」という思いを持っている人が少なくない。しかし、「仕事がないから」東京に出てくるし、地元に戻れないというのです。

　各地の地域が、それぞれ地元の経済をきちんと回し、お金や雇用を外部に依存する割合を低減しておくことは、次なる金融危機やエネルギー危機、顕在化する温暖化の影響(地球の裏側での被害もグローバル経済をたどって、地方にも大きな影響を及ぼす時代です)などに対する「しなやかに立ち直る力」(レジリエンス)を高める上でも、大きな鍵を握っています。
うれしい知らせは、「地域経済を取り戻す!」ための考え方やツール、事例がさまざまに登場しているということ。地元経済の現状を「見える化」し、地域経済の「漏れ穴」をふさぐ取り組みを重ねていくことで、地元の経済を創りなおしていくことができます。実際にいくつもの取り組みが生まれ、成果を挙げ始めています。

多くの地域で、「このままではいけない」という危機感が広がり、「何とかしよう、変えていこう」という思いがさまざまな試行錯誤を生み出しています。本書が提供する、分析・診断・対策の具体的な枠組みやツールを活用して、そのような思いや危機感をより効果的に実際の変化に結びつけていただきたい、と願っています。まだ間に合ううちに、できるだけ多くの地域が、持続可能な未来に向けて、自分たちでたづなを握れる地域経済に向けて、転換をはかっていってもらえたら、これ以上うれしいことはありません。

目　次

序章　なぜいま、地域経済か

しなやかに強い地域の鍵は、しっかりした「地域経済」

日本には１７００余の市区町村があります。「うちの地域は過疎化や地域の疲弊に悩んでいません」と言える地域は、そのうちいくつあるでしょうか。日本のどこへ行っても、駅前の目抜き通りが「シャッター通り」になり、昼間なのに人通りもなく、見るからに元気のなさそうな地域に出会います。

日本創成会議は２０１４年5月に通称「増田レポート」を出し、２０４０年までに20～39歳の若年女性数が半減する市区町村を「消滅可能性都市」としました。当時の全国１７９９市区町村の約半分にあたる８９６市区町村が当てはまること、そして、全体の約3分の1にあたる５２３市区町村は、２０４０年には人口が1万人未満となり、消滅の可能性がさらに高いという衝撃的な推計を発表したのです。日本全体で人口が減って高齢化が進む中、いまだに地方から首都圏へと、若者を中心に人口移動が続いており、地方の市町村はダブルパンチを浴びている状況です。

シャッター通りは、「人口減少↓消費力低下↓地域経済の縮小↓雇用減少↓さらなる人口減少」という悪循環が姿を現したもの、と見ることもできます。**図1**は、この悪循環をシステム思考（つながりをたどって構造を把握し、効果的な働きかけを考える思考法）のループ図を使って示したものです。疲弊していく地域には、このような悪循環が多重に存在しています。そして、このような悪循環をどうしても好転できないまま年月が過ぎていくと、悪循環をさらに加速する「あきらめ」が忍び寄ってきます。そうすると、「状況を変えよう！」という試みも取り組みもなくなっていきます。外からの働きかけに対しても、「この店も自分の代限りで終わりにするからいいんです」――そうして、シャッター通りが増えていく様子をあちこちの地域で見てきました。

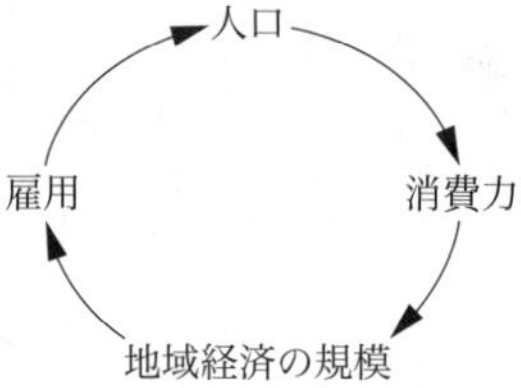

図1　シャッター通りの悪循環

国も、地方の疲弊を何とかすべく、「地方創生」の呼びかけや支援を提供してきました。2014年には、地方創生と日本の人口減少対策に向けて、自治体に対し「地方版総合戦略・人口ビジョン」の策定を求めました。人口減少への危機感が極めて強いため、自治体の取り組みや考え方も、「人口対策」が焦点になっているところが多く見られます。特典付きで移住者を勧誘する新聞広告を出すなど、各地の自治体がさまざまな移住支援策を競っています。土地を無償で提供するという自治体もありましたし、移住のための支援金・奨励金などを出すところもあります。

しかし、肝心なことは、「移住者は移住後、生活していかなくてはならない」ということです。そのためには、それまでの蓄えや年金で暮らしていける人以外は、「仕事」が必要になります。その地域に、移住者に提供できる雇用があるかどうかが鍵なのです。そして、もしその地域に移住者にも提供できるほどの雇用があるとしたら、そもそも地域の若者が職を求めて地域から出ていくこともなく、一度故郷を出たUターン者も戻りやすいはずです。

人口減少に歯止めがかかった「好循環の地域づくり」

私は島根県隠岐郡中ノ島の海士町《あまちょう》が地方版総合戦略を作るプロセスのお手伝いをし、その後も「海士町魅力化ファシリテータ」という肩書きで島に関わり続けています。海士町は、いまでは「地方創生のトップランナー」として全国にその名を知られるようになっていますが、それは絶望的な状況からのカムバックを果たしたからです。

海士町の人口は、1950年には約7000人でした。それが、2000年には2700人に減少し、町の財政が悪化、「このままでは2006年には赤字団体、2008年には財政再建団体になる」と予想されるほどの苦境に陥りました。そこから、気合いの入ったリーダーシップのもと、「島まるごとブランド化」「高校魅力化プロジェクト」など、さまざまな取り組みを展開し始めたのです。

人は「動いているところ」に惹きつけられます。若者や、やる気のある人は特にそうです。よどんでいるところ、動きのないところでは自分が思う存分活躍できるとは思えないからです。海士町で始まったさまざまな動きが新しい可能性を拓き、志と能力を有する若者たちが活動の場を求めて島に移り住むようになりました。移住した若者たちがSNSや上京の機会を通じて、「イキイキと動いている」海士町の魅力を伝えます。それに触れて海士町に興味を持ち、訪れ、移住する人がまた増えていきます。この「あこがれの連鎖」の好循環が回り始めた結果、2004年度〜2016年度の13年間に、人口2400人ほどの町にIターン者が566人移住し、Uターン者が204人戻ってきているのです。

先ほど挙げた「増田レポート」の2010年時点での予測では、「海士町は、2010年時点で、人口は2374人、20〜30代の女性人口は145人。このままいった場合（なりゆきシナリオ）、２０４０年時点で、人口は１２９４人に、20～30代の女性人口は52人に減る」となっています。立派な（?）消滅可能性都市です。

しかし、さまざまな取り組みを展開した結果、実際は、このなりゆきシナリオとはかなり異なる状況になっています。２０１５年5月末現在で、20～30代の女性人口は１７８人。２０１０年時点から減るどころか、33人も増加しているのです。こういった実績が注目を集め、内閣官房の地域活性化モデルケースの1つに選ばれ、中央官庁や全国の自治体からの視察が絶えません。

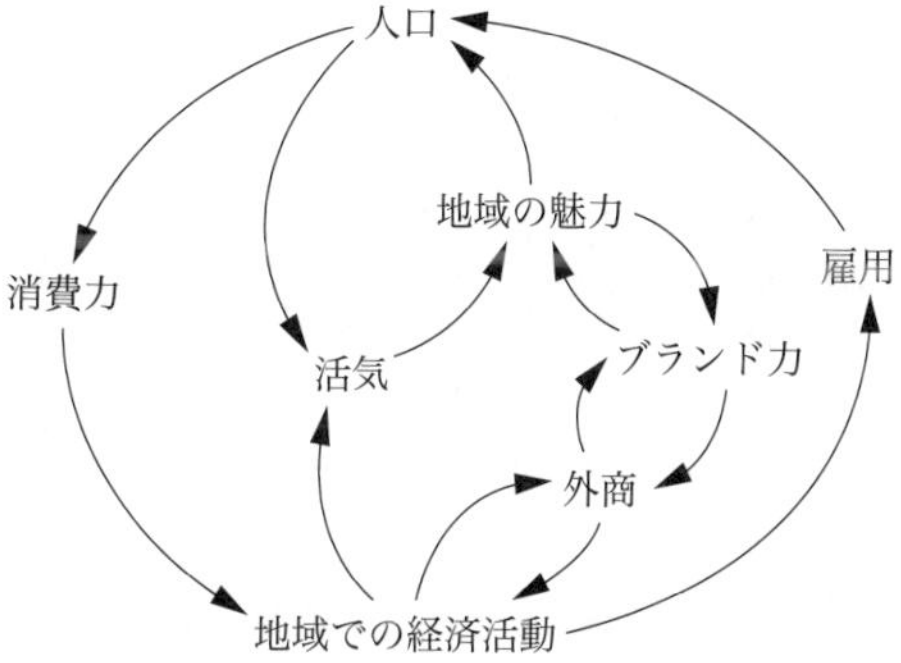

図２　海士町の地域づくりが生んだ好循環

海士町に関わる中で、「シャッター通り」の悪循環とは真逆の好循環が回り始めたことで、次々と若者が移り住むようになっていることがわかりました。図2を見てください。海士町がやってきたことは、人口そのものを増やすという取り組みではありません。「島に産業を創る」ことなのです。

町では、攻めの実行部隊となる産業3課を設置しました。

観光と定住対策を担う「交流促進課」、第一次産業の振興を図る「地産地商課」、新たな産業の創出を考える「産業創出課」という産業3課を、島の中央にある町役場から外に出し、情報発信基地であり、町の玄関でアンテナショップでもある港のターミナル「キンニャモニャセンター」に置きました。港のターミナルという島の玄関で、現場重視の取り組みを展開するようになったのです。

そして、町も関わって島の中に次々と会社を立ち上げると同時に、島内者であっても島外者であっても、新規事業を立ち上げようとする人々を町は強力にバックアップします。隠岐牛や岩牡蠣「春香」をはじめ、島の外で高価格でも求められるものが生まれ、海士町のブランド力を高めていきました。

地域での経済活動が盛んになれば、それだけ働き口も生まれます。「仕事があるから」、または「仕事を創りに」海士町に移住する人も増えます(ちなみに、海士町の飲み会の最後に全員で歌う歌があります。お馴染みの「ふるさと」という歌です。ただし、3番の歌詞がちょっと違う海士版です。「志を果たして、いつの日にか帰らん」というところを、海士では「志を果たしに〜♪」と歌うのです)。

人と産業が増えれば、地域全体の購買力も大きくなります。「こんな小さな島では無理ではないか」と言われたという、素敵なイタリアン・レストランもオープンし、連日賑わっています。山の斜面を切り拓いて、放し飼いで鶏を飼って卵を販売する人も出てきました。看板もないのに、島の人たちが次々に買いに来ます(島の口コミ力はSNSの比ではない！のです)。

地域での経済活動が盛んになると、活気が出てきます。海士町では、4月は隠岐島綱引き大会、6月はソフトボール大会、8月にキンニャモニャ祭り、11月には産業文化祭など、毎月のようにさまざまな行事やイベントがあり、みなさん、仕事以外でも大忙しです。行事のたびに「なおらい」と呼ばれる飲み会もあり、コミュニケーションを深めながら楽しみます。こういった活気が地域の魅力をつくります。その魅力に惹かれて、移住するIターン者や戻ってくるUターン者がさらに増えます。素敵な好循環が回っていることがわかります。

しかし、これまで引っぱってきた町長や課長たちの引退時期が見えてきたとき、「輝きの連鎖」が止まってしまうのではないか、次世代の地域づくりリーダーたちの育成と仲間づくりをしなければ、町の魅力が消え、人口減少と財政悪化の悪夢が再来するのではないか――このような危機感を背景に、地方版総合戦略を策定する際、町民と役場職員の中から手を挙げた20人による若手グループ「明日の海士をつくる会」(あすあま)を立ち上げることになりました。

この「あすあま」で、私がアドバイザーとしてプロセス・ファシリテーションを行いながら、半年以上にわたってワークショップを重ね、「あすあまチャレンジプラン」をつくって、町長に手渡しました。その重要なポイントの1つは、「どのように地域経済の好循環を創り出すか」です。あすあまメンバーは、その後も集まりながら、チャレンジプランに書き込んだプロジェクトを実行していくプロセスを続けています。

海士町には14の集落がありますが、最近、祭りを復活させたり、新しく祭りを始めようかと話し合う集落も出てきました。これも活気の現れの1つなのでしょう。海士町は、「人口」自体を増やすという取り組みではなく、産業を興すことで地域経済をしっかり回すことに注力し、人々の暮らしの賑わいを創り出し、「結果的に」人口減少に歯止めがかかったのです。

海士町だけではありません。私が仕事や取材で訪れている北海道下川町や、岐阜県郡上市の石徹白《いとしろ》地区、岡山県西粟倉村、徳島県神山町などでも、素敵な好循環が回り始めています。これらの地域はすべて、しっかりした地域経済を創ることを重視しています。それがなければ、雇用も活気も生まれません。地域経済は、言ってみれば「地域の足腰」です。「しっかりした地域経済を土台に、人口と雇用と活気の好循環をいかに創り出すか」が鍵を握っているのです。

このような好事例があちこちで生まれていることは本当に素晴らしいことです。しかし、日本には1700を超える市区町村がありますから、「少数の特別な事例」だけでは十分ではありません。どの地域も、その地域なりの好循環を回し始めること、そのために、地域の足腰である「地域経済」に真正面から取り組むことが大事です。事例とともにこのようなお話をすると、「それは大事なことだと思うけれど、どのように取り組めばよいのでしょうか？」という質問をよくいただきます。

そこで、「地域経済」についてどのように考えたらよいのか、取り組みが成果につながるツボはどこなのか、そのための考え方の枠組みや、実際に活用できるツール、取り組みのヒントなどを事例とともにお伝えしたいと思い、本書を書きました。「好循環の地域づくり」のきっかけの1つにしていただければと願っています。

第1章　地域へ戻りつつある経済

もともと経済とは地域経済だった

もともと、経済とは地域内で営まれるものでした。他の地域との交易はほんのわずかでしたし、海を越えた外国とのモノを買ったり売ったりというやりとりもほとんどありませんでした。

それが大きく変わってきた背景には、地域をつなぐ物流のしくみができたこと、そして、経済効率を重視する考え方が主流となったことがあります。経済効率を追求すれば、「分業」がよいということになります。それぞれの地域が、自分たちの地域で消費するものをそれぞれ生産するよりも、地域間で分業して、それぞれ得意なものを生産することに特化すれば、効率的に安く生産できます。それを他の地域に売って、自分たちの地域で生産しなくなったものは、それを効率的に生産している他の地域から買えばよい。そうすれば全体として、経済的に繁栄する――こうして、地域間での分業が進み、さらにはグローバル化の進展と共に、国際的な分業も進みました。

確かに、物流インフラに支えられた分業システムによって、経済は成長し、私たちの暮らしも豊かになってきました。しかし同時に、大切なものを失いつつあるのも事実です。1つには、それぞれの地域に伝えられてきた衣食住の文化や、それを支える技や職人です。そして、域外への依存度が増すにつれ、自律・自立の度合いが減じていきます。地域に関することを自分たちで決めたり実行したりすることが減り、「地元のことは自分たちでたづなを握る!」という「心の自立度」も低下していきます。

「安ければいい」「効率的なことが良い」――現代の経済では、安さと効率性がほぼすべての尺度になっているかのようです(現代社会では、「非効率」とは最悪のレッテルの1つではないでしょうか?)。スーパーに行っても、多くの場合、域外や海外産のものが多く並んでいて、地元産の野菜や畜産物、加工品などはほとんど置いてありません。置いてあったとしても、かえって値段が高いため、手を出さない人も多い。地域内の畑でとれた野菜よりも、遠くの地域でつくってはるばる運ばれてきた野菜のほうがずっと安いのです。歩いて行ける地元の畑の農作物よりも、地球の裏側から運んできた食べ物のほうが安いというヘンな状況を、私たちは疑問無く受け入れています。

何が、このような首をかしげてしまう状況を可能にしているのでしょうか？　１つは「安価な石油」です。トラックにせよ、船にせよ、飛行機にせよ、現在の物流システムは、輸送のための原油が安いことを前提に成り立ってきたモデルなのです。このモデルをベースに、日本はその経済力にものをいわせて、世界各国から食べ物を輸入するようになりました。その結果、ご存じのように、日本の食料自給率はカロリーベースで38％と危険なほど低く、輸入食料総量と輸送距離を掛け合わせた「フードマイレージ」は、世界の中でも群を抜いて高いものとなっています。

経済が地域へ戻っていく理由

しかし、この「安価な石油」に依存するモデルは、今後通用しなくなっていきます。石油が再生不可能な、いずれは枯渇する資源だから、というだけではありません。２０１５年12月、温暖化に関する「パリ協定」が採択され、途上国を含むほぼすべての国が参加して、「気温上昇を産業革命以前から2度未満に抑える」ことを世界全体の目標として設定しました。すでに地球の気温は1度程度上昇していますから、二酸化炭素（CO_2）など温室効果ガスの排出量を大きく減らし、21世紀後半には森林などによる吸収量と同じレベルまで引き下げる（＝人間が化石燃料を燃やして出す炭素はすべて森林などが吸収し、大気中に溜まらない）ことをめざすことに合意したのです。そのため、CO_2を大量に排出する石炭や石油は、埋蔵資源があったとしても使えなくなっていきます。パリ協定は「化石燃料との決別」を告げた、と言われるゆえんです。

安価な石油のおかげで成り立っていた、地域間や国家間の分業体制も変化せざるを得なくなるでしょう。地域内だけですべての経済活動を営む時代に戻ることはないでしょうが、現在のように「何でもどこからでも取り寄せる」時代は終わりそうです。物流コストが上がっていくにつれ、地域内で生産するものと地域外から取り寄せるものを、意識的に区分していくことになるでしょう。

また、２００８年の世界金融危機は、グローバル化の進んだ世界の中では、どこかで何かが勃発すれば、その悪影響は世界中の津々浦々にまで伝播することを明らかにしました。グローバル経済の中に深く入り込んでいればいるほど、平時にはそのメリットを享受できますが、非常時には大きな悪影響に翻弄されてしまうのです。

こういった課題は、世界中の地域に共通するものです（日本のように、海外からの輸入に頼り、グローバル経済に依存している国・地域ほど、脆弱な状況に置かれています）。こうした状況に対して、「域外のさまざまな事態に翻弄されるのではなく、自分たちでたづなを握れる地域になろう！」

という新たな動きが、世界のあちこちで展開しつつあります。その中でも、特に先進的な取り組みを進め、世界中から注目を集めているのが、英国にある人口8000人ほどの町・トットネスです。この町で進められている取り組みについては、第9章で詳しく紹介しましょう。

日本の地方に特有の問題状況

世界的な動向として、地域経済への注目度が高まり、取り組みが進んでいる状況をお伝えしました。加えて、日本の地域は、日本に特有の問題状況も考え合わせる必要があります。

それは、戦後、第二次産業が太平洋ベルト地帯に集積し、第三次産業も都市圏に集中してきたため、多くの地域が「赤字」状態にある、ということです。3大都市圏の10都府県ほどを除いて、日本の地方は、「地域外からモノやサービスを購入する「支出」のほうが、地域外にモノやサービスを売って稼ぐ「収入」よりも大きい」のです。

これまで、そのギャップを埋めてきたのは、公共事業を柱とする政府からの補助金や交付金でした。また、そういった補助によってインフラを整備しての企業誘致でした。元新潟県知事の平山征夫さんは私のインタビューに答えて、「1991〜93年頃は新潟県の人口も増え、工場立地が4年間全国1位になった。これはまさに新幹線・高速道路ができた恩恵である」と述べています。しかし、続けて、「企業が中国に出ていくようになって工場誘致が減り、21世紀になって公共事業も大幅削減、不足分を埋める手段がなくなってしまった」と述べています。補助金や交付金、企業誘致に頼ることができなくなってきたのです。

今では、自治体のトップの間でもそういった認識が共有されるようになってきました。秋田県の佐竹敬久知事は、2013年度の年度初めの挨拶で、「今までは雇用というと、市町村も県もどこへ行っても、「工場誘致」でした。しかし、「工場誘致」という言葉はもう死語であります」と述べています。2015年12月に開催された、消費者庁主催の倫理的消費に関するシンポジウム「エシカル・ラボ」で、鳥取県の平井伸治知事は、「従来の地域づくりというと、どれだけ大きな事業を引っ張ってくるかということに目が行きがちだったかもしれません。リゾート開発ということで、山の形を変えることが目的だったかもしれません」と、過去形で述べました。

地域経済を取り戻すための分析モデルとツールがある!

では、そういった「死語」「過去形」のやり方に取って代わるこれからの地域づくりや雇用状況、つまり地域の経済は、どのようなものになるのでしょうか? 「安価な石油」の時代が終わっても、中央政府からの補助金や交付金が激減しても、企業誘致ができなくても、地域にしっかりと足腰の強い経済が存在し、機能しつづけるためには、何が必要なのでしょうか？

そういったことを考えていく上で、非常に役に立つ基本的な考え方があります。具体的に自分たちの地域を調べてみるツールなどもあります。同じような問題意識を持つ地域や組織、研究者などが考案し、実証・活用しているもののいくつかをご紹介しましょう。まずは、「漏れバケツ」モデルです。

第2章　あなたの地域は「漏れバケツ」？

「漏れバケツ」モデルとは

「問題は地域に入ってくるお金が少なすぎることではない！」と、英国のロンドンに本部のあるNew Economics Foundation（通称ＮＥＦ）が打ち出したのが、「漏れバケツ」理論という概念です。

次の絵をご覧ください。地域を「バケツ」だと考えてみましょう。そのバケツにできるだけたくさんの水を注ぎ込もうと、つまり、「地域にお金を引っぱってこよう」と、政府からの交付金や補助金のほか、企業誘致、観光客の呼び込みなど、各地域は懸命に努力をしています。

しかし、そうやってせっかく地域に引っぱってきたお金の多くが、次の瞬間には地域外に漏れ出ていないでしょうか？　補助金で行った建設工事が地域外の業者の手によるものだったら、その工事費用の大部分は地域外に出て行ってしまいます。企業誘致をしても、その原材料や販

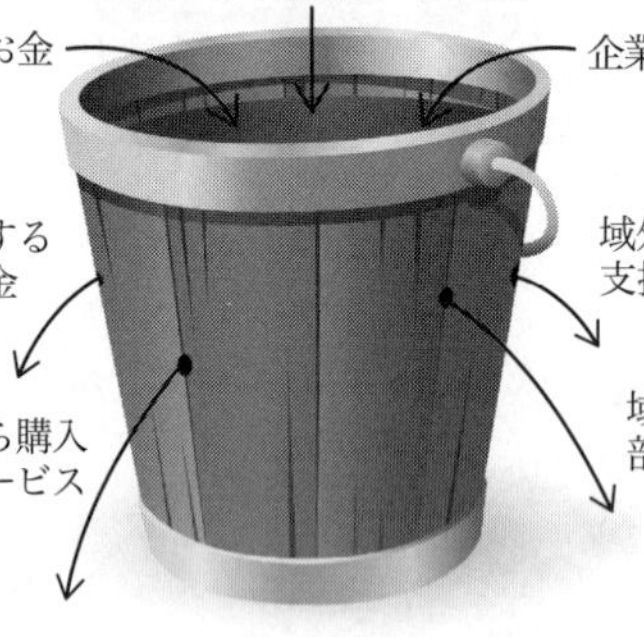

売・メンテナンスなどの関連企業が地域になければ、やはり、せっかくのお金も「素通り」していってしまうでしょう。従業員として地元の人を雇用していたら、その給与は地域に入りますが、その従業員が地元の商店ではなく、郊外にある大規模ショッピングセンターで買い物をするとしたら、従業員を「通り抜けて」、やはり、そのお金は地域の外に出て行きます。観光客を呼び込んで、土産物を買ってもらったとしても、その土産物が地域外や国外でつくられたものであれば、やはりお金は地域にとどまりません。

この「漏れバケツ」モデルを打ち出しているNEFの資料（2002年）には、「漏れバケツ」の具体的な例がいくつか挙げられています。

たとえば、英国のあるトヨタの工場では240社から部品を調達しているそうです。でも、そのうち地元の業者はたったの5社だけとのこと。スコットランドの電機メーカーの事例も、同じストーリーです。そこで使っている金属部品のうち、スコットランド製のものは12%にすぎなかったとのこと。他は全部、域外からの調達です。工場を誘致したことで、地域にお金を引っぱってくることができていても、部品代金を支払うときに、あっという間にお金が地域外に出て行ってしまうことがわかります。

日本の国内でも、同じ状況があちこちで見られます。地方で公共事業などのプロジェクトが行われても、地元地域とは関係のないゼネコンが工事を受注し、資材を調達することが多々あります。東京に本社を置く企業が受注すれば、地域に投資されたお金も東京に戻ることになり、その地域の経済力を高める効果は限定的でしかないという状況です。

バケツの例に戻りましょう。バケツに水を入れても入れても、バケツに穴がいっぱい空いていたら、水は流れ出てしまい、バケツに水はたまりません。そういう状況に直面したら、どうしますか?

そう、ここでの解決策には2つあります。「水を注ぎ入れるペースをアップする」か、「バケツの穴をふさいで、水が流れ出るペースを遅くする」か、です。おそらく多くの人が、「さらにがんばって水を入れる」ことより、「バケツの穴をふさぐ」ことが先決だ、と考えるのではないでしょうか? バケツの穴をふさげばふさぐほど、残る水の量は増えるでしょう。穴をふさいで流れ出る水の量を減らせば、そんなにがんばって水を注ぎ入れなくてもすむかもしれません。

地域経済も同じです。いくらお金を地域に「引っぱってくるか」「落とすか」ではなく、「地域からのお金の流出を減らす」こと、つまり、「いったん地域に入ったお金を、どれだけ地域内で循環し、滞留させるか」が大切なのです。当たり前といえば当たり前のことですが、これまでは、「いかに地域にお金を持ってくるか」ばかりに目が行っていて、「いかに地域から出て行くお金を減らすか」はあまり考えられてきませんでした。その重要性を、バケツというわかりやすいたとえを通して、直感的に伝えてくれるのが、「漏れバケツ」モデルなのです。

危うい依存から、自立に基づく相互依存へ

「漏れバケツの穴をふさぐとは、各地域経済が自給自足して、相互のやりとりがなくなる孤立状態をめざしているのか？　それが正しいのか？　地域分業による効率をどう考えるのか？」と思う人もいるかもしれません。

そうではありません。漏れバケツモデル（と本書）がめざしているのは、地域経済の完全な自給自足や孤立ではありません。日本という国を、大小さまざまな地域バケツがつながっている

ものとしてイメージしてみてください（さらに言えば、日本も1つのバケツで、他の国のバケツとつながっています）。日本の中で、いちばん大きなバケツは「東京」でしょう。その「東京バケツ」から、たとえば、島根県の海士町という小さな「海士町バケツ」に、補助金や交付金、観光客がやってきて島で使うお金という形で水が注がれます。でも、「海士町バケツ」にはいっぱい穴が空いていて、せっかく注いだ水も、その多くはあっという間に、業者や土産物の製造者の多い「松江バケツ」に流れていってしまいます（松江は海士町から本州に渡ったところにあります）。そうして、さらにその多くが最終的には、「東京バケツ」に戻っていきます。

本書が伝えたいと思っているのは、地域経済間のつながりとやりとりはこれからも重要であり続けるけれど、いまの地域経済の穴は大きすぎ、多すぎるのではないか、それを少しでもふさぐ努力をすることで、地域経済に残るお金が増え、地域経済の活性化や地域の人々の幸せにつながるのではないか、ということです。「100％の自給自足」など不可能ですし、たとえ可能であっても、望ましいわけではないと考えています。また、たとえば、「東京バケツ」が穴をすべてふさいで水が流れ出なくなってしまったら（それは不可能なことですが！）、東京はともかく、他地域は困ってしまいます。

漏れバケツモデルを提案しているNEFも、このように述べています。「（私たちが提案しているのは）地域を外側の世界とのつながりから遮断しようとするツールではありません。むしろ、政府や企業による投資であろうと個人消費であろうと、地域内へのあらゆる投資を最大限に活用するために、地域のつながりを高めるものです。これによって、その地域はより豊かになりますし、それによって、欲しいのに地元では手に入らない品物やサービスも、よりよい形で他の地域から買えるようになるでしょう。自給自足や孤立がよいと言っているのではありません」「私たちのツールは主に、より貧しい地域のために設計されています。実際、より豊かな地域がすべての漏れ口をふさいでしまうと、大きな問題になるでしょう。より貧しい地域にお金がまったく流れ込まなくなるからです！　また、より豊かな地域の漏れをふさぐと、採用が難しくなったり、住宅価格や賃金が高騰したりといった「過熱」の問題も引き起こす可能性があります。そこで私たちは、より豊かな地域の人々には、参加したいのであれば、近隣のより貧しい地域と協力するよう勧めています」。

人も地域経済も、「まずは依存から自立へ。自立してこそ、相互依存という最も豊かな状態に向かうことができる」のではないでしょうか。人に頼り切っている状態（たとえば、中央からのお金に頼っている地域経済）は脆弱です。相手に翻弄されてしまうからです。今まさにそうなりつつあるように、地方への交付金や補助金が減っていく時代、地域経済や地域の幸せの外部依存度を下げ、自給自足率を上げていくことが、地域のレジリエンス(しなやかな強さ)につながります。そうして、他に翻弄されない強さが生まれ、自分たちの足で立つことができるようになる。そうなってはじめて、ある程度自立した地域同士がさまざまなものを相互に交換し交流するという、安全・安心な豊かさを創り出すことができると思うのです。

バケツの中はどうなっているのか?

地域経済を、「漏れバケツ」にたとえて説明してきました。もう少し詳しく、このバケツ(地域経済)の中でのお金の動きを見てみましょう。つながりをたどって全体像をとらえる「システム思考」のループ図を使って説明します。

図3を見てください。複雑そうに見えるかもしれませんが、順を追って見ていけば、とてもシンプルに、地域経済という「バケツ」の中がわかります。

まず、いちばん上の「外商」からスタートしましょう。地域経済では、その地域の特産品を地域外で販売することを「外商」と呼ぶことがあります。たとえば高知県では、県の産業振興計画の重要な柱として、「地産外商」を推進しており、「高知県地産外商公社」を設けて、「高知の食材を全国に」販売しようとしています。

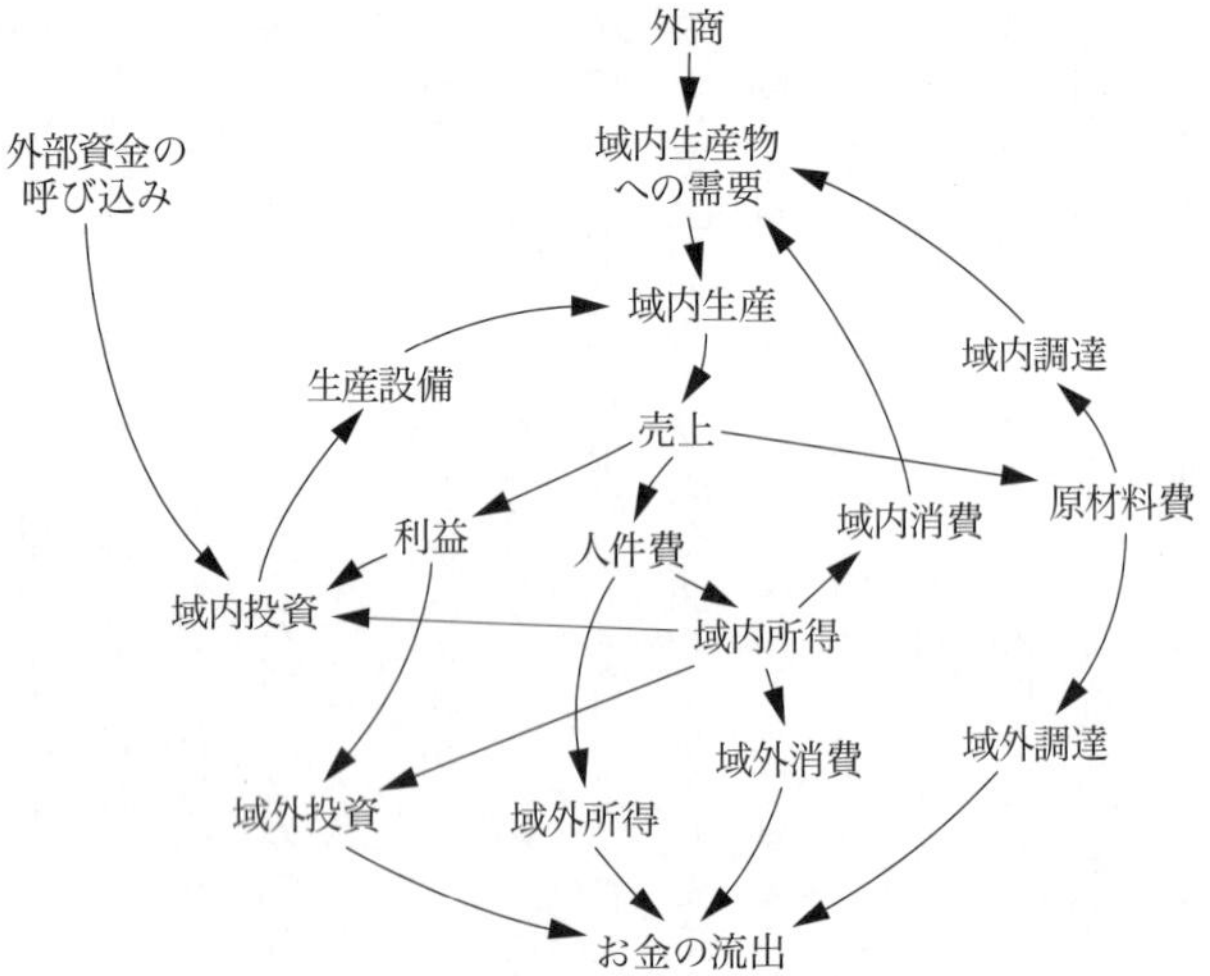

図３　地域経済の「バケツ」の中

「外商」によって、「域内生産物への需要」が生まれます。需要に従って、「域内生産」が行われます。生産した分、「売上」が上がります。売上は、大まかに言うと「原材料費」「人件費」「利益」に分かれます。原材料をその地域内で調達するか、地域外から調達するかによって、「域内調達」と「域外調達」に分かれます。域内調達の場合は、域内の生産物への需要となり、そのお金は地域内に残ります。一方、域外調達の場合は、そのお金は地域の外に出て行きます。

「人件費」はどうでしょうか。その従業員が、その地域に在住しているか、地域外から通勤しているかによって、「域内所得」と「域外所得」に分かれます。地域外に住む従業員の所得は、地域外に出て行きます(もちろん、地域外に住む従業員が地域内で買い物をすることもありますが、ここでは大きな流れだけを示します)。地域内に在住する従業員の所得は、域内にとどまりますが、そのお金で買い物をするときに、地域内のものを買うか、地域外のものを買うかで、「域内消費」と「域外消費」に分かれます。域内消費は、域内生産物への需要につながりますが、域外消費(隣町のスーパーや、郊外のショッピングモール、インターネット販売で買うなど)のお金は地域の外に出て行きます。

「利益」は、投資の資金となります。自社の既存の生産設備を増強したり、地域内に店舗を増やしたりという「域内投資」の場合もあれば、地域外の事業に投資をするといった「域外投資」もあるでしょう。当面使わないからと、地元の銀行に預けるかもしれません。しかし、その資金はその金庫に眠っているわけではなく、銀行の融資の資金となります。その銀行が地域内に融資をするか、域外の事業や企業に融資をするかによって、「域内投資」「域外投資」に分かれます。また、企業や工場を誘致する、政府の補助金や交付金を得る、地域外の金融機関からの投融資を得るなど、「外部資金の呼び込み」も行われ、「域内投資」となります。これで地域でのだいたいのお金の流れがわかったと思います。

図4に示すように、これまでの「地域経済振興策」は、「外商」によって域内生産物への域

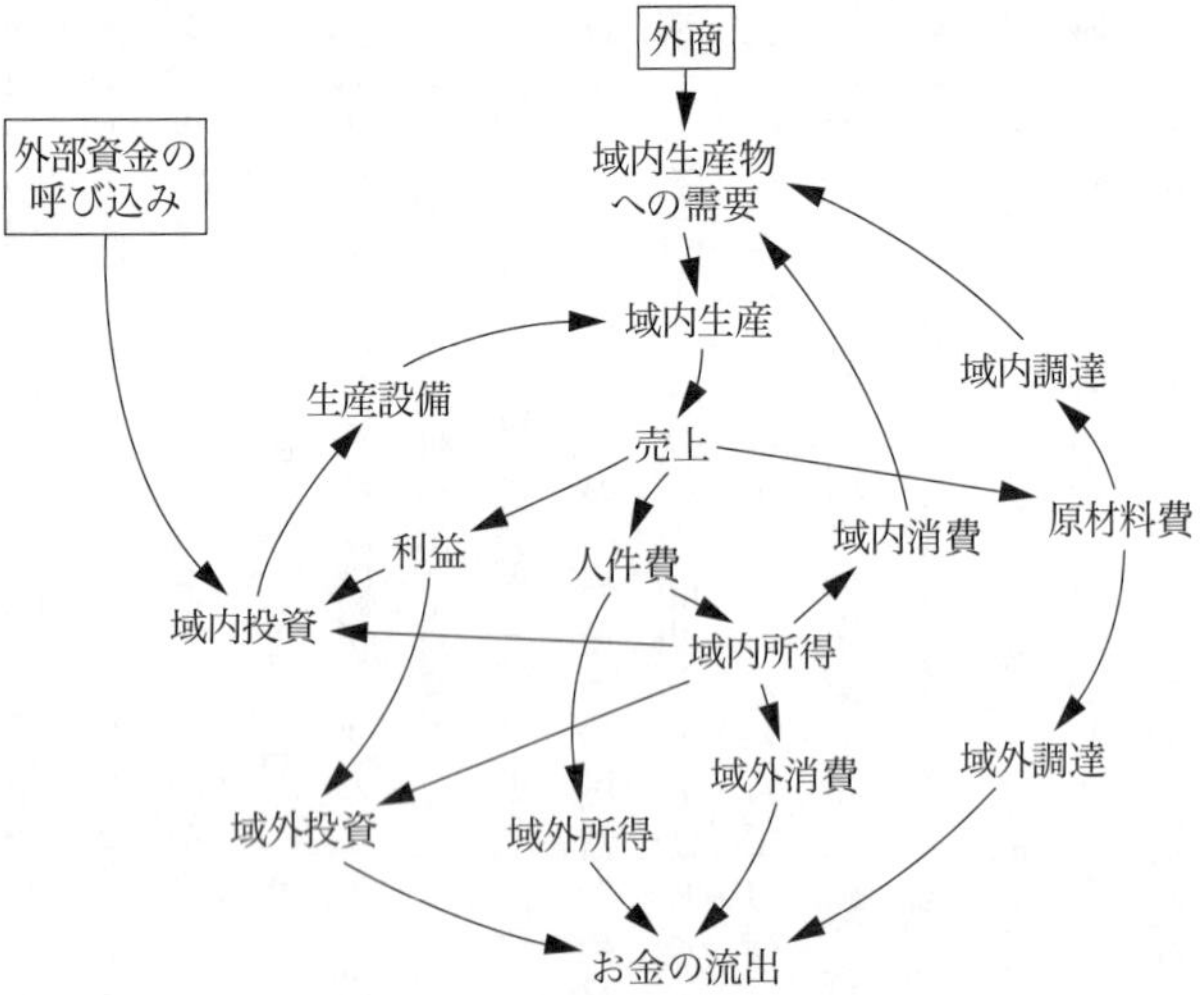

図４　これまでの地域経済振興策

外需要を高めること、「外部資金の呼び込み」によって、域内投資を増やし、生産設備の拡充をはかることに力点が置かれていました。

「外商」の例としては、東京などに地域のアンテナショップを置く、都市部のレストランなどに食材を売り込む、ウェブを活用して、域内産品を広く日本全国に販売する、などがあります。また、「外部資金の呼び込み」の例は、国からの補助金や交付金、企業誘致、リゾート開発による観光客の呼び込みなどです。

これらの取り組みは、どれも重要な役割を担ってきました。しかし、この従来型の地域経済振興策では、域外消費や域外投資を呼び込んで地域にお金が入ったら良しと考えがちです。そこで、いったん入ったそのお金が地域で滞留・循環することなく、またたくまに流出しており、地域の富の創造に期待するほどの貢献ができていないとしても、その実態にはさほど目が向けられていなかったのです。

地域経済を取り戻すためには、いったん地域に入ったお金を滞留・循環させることで生み出される地域の富や豊かさに焦点を当てる必要があります。したがって、企業や家計の消費および投資の「域内」「域外」の割合を意識し、「域内調達」、「域内所得」と「域内消費」、そして「域内投資」の割合を増やす取り組みを重視します。図5を見てください。前のループ図と要素は同じですが、注力するところが異なることがわかります。

ここまでの説明でわかるように、地域経済を「生産」「所得」「調達・消費」「投資」という枠組みで考えます。「所得」とは「分配」でもあり、「調達・消費」と「投資」はあわせて「支出」と捉えることもできます。経済全体を立体的に捉えるためには、「生産」「分配」「支出」の3軸で考えることが大事です。この3者が同額であるという「三面等価の原則」は経済学の基礎でもありますが、この3つの軸は、地域経済の構造を見る上でも役に立ちます。

このあと紹介する「漏れの測り方」や「漏れをふさぐ取り組み」も、「「生産」「分配」「支出（「消費」と「投資」）」のどこを測ろうとしているのか？」「どこに対する働きかけか？」という

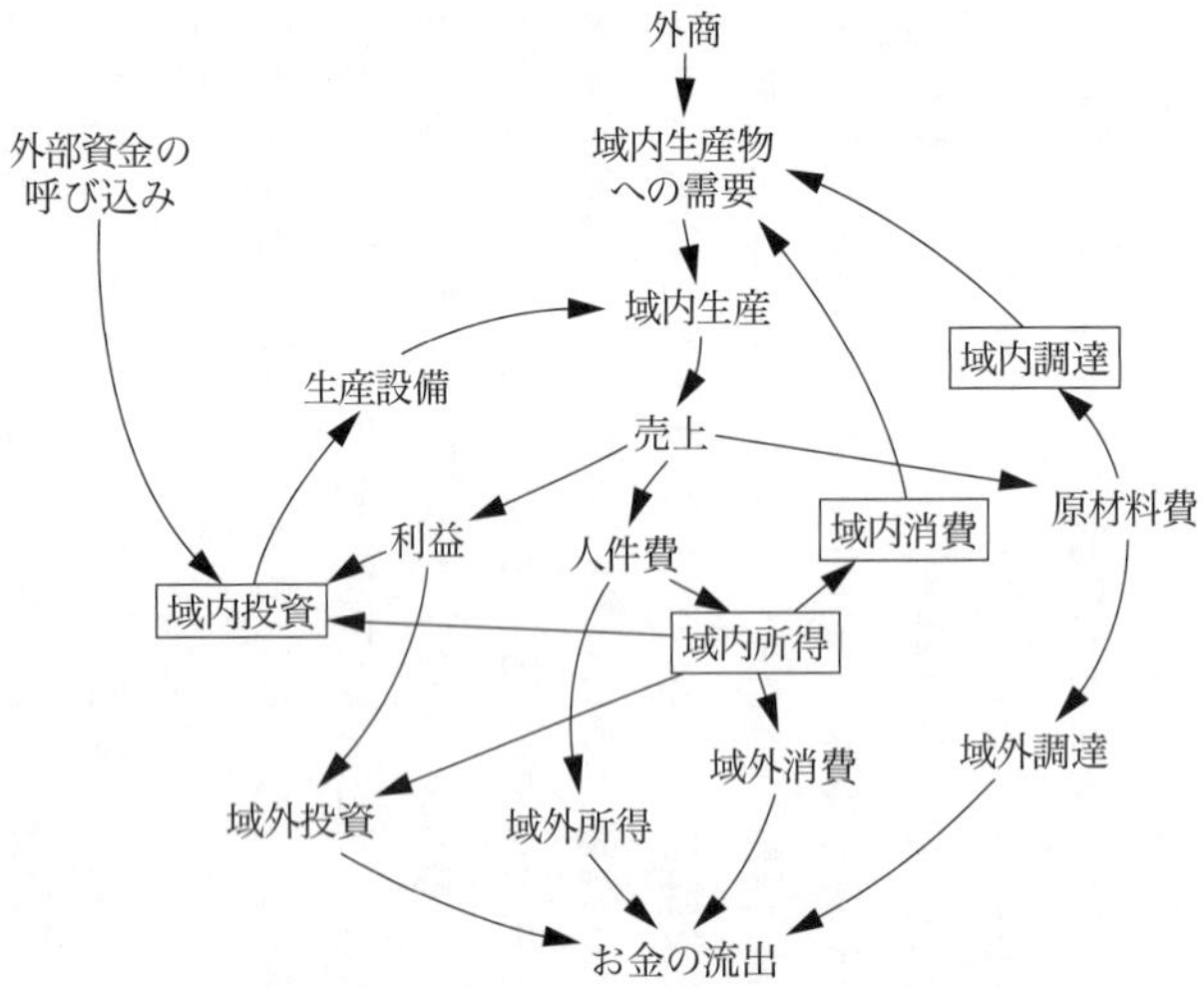

図５　これからの地域経済振興策

視点で考えてみてください。自分の地域経済を見る目にもつながってきます。

漏れているのか、循環しているのか、それが問題

図５のループ図を見てください。外商のおかげで「域内生産物」が域外で売れます。地域に入ったそのお金が「域内所得」となります。このお金が「域内消費」になれば、そのお金は再度「域内生産物」の購入に使われます。このお金は、外商で域外に売った代金と同じように、地域に入ってくるお金として、地域経済の役に立ちます。外商の場合、お金は域外から入ってきますが、地域の人が域内生産物を購入すると、域内のお金がもう一回

循環することになります。企業の調達でも同じことです。「域内調達」をすればするほど、そのお金は地域に〝再び入ってくる〟ことになり、地域経済を潤します。

せっかく地域にお金が入っても、そのお金が、「漏れバケツ」からすぐに流出してしまっては、地域経済にとってのメリットはあまりない、と述べました。ただし、そのお金が、タンス預金のように地域内のどこかで溜め込まれていても、地域経済にとってのメリットは発揮されません。大事なのは、「いったん地域に入ったお金が、最終的にその地域から出ていく前に、何回地域内で使われるか」なのです。これを「地域内乗数効果」と呼びます。

地域内で何回も使われれば、そのお金はそれだけ多くの人やお店、企業の収入になります。たとえば、あなたが地元のお弁当屋さんでお弁当を買った場合、その代金は地元のお弁当屋さんの売上になります。そして、そのお弁当屋さんがお弁当の材料として、お米や野菜を地元のお米屋や八百屋で買えば、そのお金は地元のお店の売上になります。そのお店が、お米や野菜を地元の農家から買えば、そのお金は地元の農家の売上になります。

「地域内乗数効果」を計算することで、地域に入ったお金が地域の中をぐるぐると回って、どのぐらいの効果を生み出しているかを「見える化」できます。簡単な例で計算してみましょう。

Aという地域では、住民は地元のお店であまり買い物をせず、隣町にある大型スーパーマーケットに買い物に出かけたり、ネット注文で地域外から宅配してもらうことが多いとします。地元企業や行政も、その原材料やサービスを、域内の企業より域外企業から調達しているとします。地域の人々や企業・行政の購買・調達金額のうち、地域内での購入・調達が20%、地域外での購買・調達が80%としましょう。

さて、そのA地域に、交付金か補助金か、観光客の支払いか、何でもよいですが、1万円のお金が入ってきたとしましょう。20%が地域に残りますから、1万円のうち、2000円が地域に残ります。地域に残った2000円も、同じように「域外80%、域内20%」という使われ方をしますから、2000円の20%、つまり400円が地域に残ります。3巡目も同じように計算すると、400円のうち、地域に残るお金は80円になります。4巡目、5巡目……と同じように計算していきます。すると、最初に地域に入ったのは1万円ですが、地域で使われた金額の合計は、1万円+2000円+400円+80円……となり、約1万2500円になります。

「域外80%、域内20%」という使い方をする地域の場合、1万円の収入は最終的には1万2500円の価値を生み出すことになります。

次にB地域です。この地域では、住民はできるだけ地元のお店で買い物をするようにし、企業・行政もできるだけ地域内の企業から製品やサービスを調達しています。B地域の人々や企業・行政の購買・調達金額のうち、地域内での購買・調達が80％、残りの20％は地域外での買い物・調達だとしましょう。

先ほどと同じように、この地域に1万円が入った場合の「地域内でぐるぐる回る間にどのくらいの効果を創り出すか」(＝地域内乗数効果)を計算してみましょう。1巡目は、1万円のうち、80％の8000円が残ります。2巡目は、8000円のうちの80％、6400円が残ります。3巡目には、その6400円のうち、80％にあたる5120円が地域に残り、4巡目には、5120円の80％、4096円が地域に残ります。こうして、80％を掛け合わせながらどんどん足していくと、最終的な合計金額は約5万円になるのです！

同じ1万円が創り出す新たな価値は、A地域の場合は約2500円しかなかったのですが、B地域のパターンなら約4万円になります。なんと16倍もの違いがあります。

はじめに地域に入るお金が同じであっても、地域内で購入・調達する割合によって、これだけの差が生まれるのです。この「はじめに地域に入ったお金が、最終的に何倍の総収入を創り出すか」を先にも述べたように「地域内乗数効果」と呼びます。「乗数」と呼ばれるのは、今計算してみたように、地域に入るお金はその地域に「掛け算」の効果を持ちうるからです。

このように、地域内乗数効果を計算すると、「地域にどんどんお金を引っぱってくること」だけでなく、「いったん地域に入ったお金を、できるだけ地域の中で回していくこと」も大事だということがわかります。NEFの資料には、このような調査結果もあります。「ホテルとB&B(一泊朝食付きの民宿・ペンション)では、どちらのほうが地元経済への貢献が大きいだろうか？　調査によると、ホテルに宿泊する観光客は、B&Bに宿泊する観光客に比べて、70%多い金額を支出していた。しかし、地元経済にとっての収入を見ると、B&Bのほうが多かった。観光客がホテルで支払ったお金の多くは、すぐに地元経済から漏れ出してしまうからだ。ホテルのオーナーやスタッフは地元の人ではないことも多いし、法務サービスも、地元でなくロンドンの法律事務所に頼んでいる、といった具合だからだ」。

ここでの大事な点は、「あなたがどこでお金を使うか」だけが重要なのではない、ということです。「あなたがお金を渡した相手がどこでそのお金を使うか」も重要なのです。地域内で使うことを優先する人の手に渡せば、あなたの支払ったお金の価値は掛け算で効果が増大します。このように、「地域内乗数効果」に着目すると、「支出による直接の効果」だけでなく、「そこから派生するすべての経済効果」に目を配って、考慮や判断基準に入れていくことが重要であることがわかります。

第3章　まずは地域全体の漏れの度合いを知る

あなたの地域では、地域に入ったお金はすぐに流れ出してしまっているのでしょうか？　それとも、その地域の中で「支払い↓受け取り↓支払い↓受け取り……」を何度も繰り返して、そのたびに外部から新しく注入されるお金と同じように、地域内の売上や所得を生み出しているでしょうか？

地域経済の「漏れ具合」をどうやって調べたらよいのでしょう？　ある地域を対象に、お金がどのくらい循環しているのか、どこからどれだけ漏れているのかを調べる方法がいくつかあります。できるだけ漏れなく調査・計算する方法は、データの扱いや分析に専門知識が必要であったり、時間がかかったりする一方、自分たちの地域のある側面(たとえば、食に関する部分や、ある企業・グループなど)を対象に、より簡易に計算・分析する方法もあります。

本書では、まず、地域全体の経済を対象に分析する方法、次に、地域経済のある部分や側面を調べるアプローチをいくつか取り上げて説明します。その上で、地域経済の分析をもとに、地域経済を強化し、持続可能で幸せな地域づくりへつなげていこうとしている事例を紹介します。

まずは、地域を「1つのバケツ」として、その全体をとらえようとするアプローチを紹介しましょう。

産業連関表を用いて「波及効果」を調べる

オリンピックなどのイベントや事業について「その経済効果は○億円」という報道を耳にすることがありますね。このような経済効果の推計の多くに使われているのが、産業連関表を用いた、波及効果の計算です（第2章で紹介した乗数効果は、波及効果によって生じます）。ただし、産業連関分析は専門性の高い方法なので、ここではその考え方を簡単に紹介するにとどめます。

この分析は、「産業連関」という名前が示すように、「さまざまな産業は連関して成り立っている」ことを前提にしています。たとえば、自動車を生産するには、鉄、ガラス、ゴム、布等を原料とするたくさんの部品が必要です。ですから、自動車の発注は、自動車産業だけではなく、鉄鋼業、ガラス産業、ゴム産業等、関連する他の産業への発注につながります。さらに自動車用の鉄鋼の発注は、鉄鋼を生産するための鉄鉱石、コークス、燃料などの発注につながります。このように、ある産業での受注は、多方面へドミノ倒しのように、次から次へと関連する他の産業の受注につながります。「波及効果」です。

「ある産業の需要が1単位増えると、他の産業への需要が○単位増える」という波及関係がわかれば、波及効果も含めた経済効果を測定できます。たとえば、東京五輪での建築物の需要(建築予算)がわかれば、そこから効果が波及した結果、「全体としてどのくらいの規模の経済効果が生じるのか」が計算できるのです。

財やサービスが各産業部門の間でどのように生産され、販売されたかという「調達→生産→販売」の連鎖的なつながりを一覧表にしたものが産業連関表です(表1)。産業連関表を見れば、「ある産業の商品は、どの産業の商品によって構成されているのか」(たとえば、自動車産業は鉄鋼業、電機産業等から商品を買っているなど)と、「ある産業の商品は、どの産業で買われているのか」が一目でわかります。表1をヨコ方向に見ると、ある産業の商品の販売先を追っていくことができます。たとえば製造業をヨコ方向に見たときの、農林水産業の2兆6449億6600万円という数値は、製造業が農林水産業に販売した金額を表しています。同様に鉱業には674億9900万円分の製品を販売したことを表しています。それらを合計したものが内生

表1　平成23年(2011年)産業連関表 取引基本表(生産者価格)(13部門分類より作成)　(単位：百万円)

		内生部門(中間需要)							内生部門計(A)	最終需要計(B)	輸入計(C)	国内生産額(A)+(B)+(C)
		農林水産業	鉱業	製造業	建設	電力・ガス・水道	サービス	その他				
内生部門(中間投入)	農林水産業	1,456,611	75	7,793,613	56,940	0	1,360,935	12,832	10,681,006	3,917,765	−2,562,809	12,035,962
	鉱業	185	1,467	16,857,977	326,076	6,905,061	1,153	857	24,092,776	−23,200	−23,309,596	759,980
	製造業	2,644,966	67,499	128,796,467	14,427,283	2,267,566	28,693,206	16,692,100	193,589,087	144,679,538	−48,364,119	289,904,506
	建設	70,559	6,089	1,340,627	74,068	1,179,541	1,293,478	5,808,865	9,773,227	42,741,258	0	52,514,485
	電力・ガス・水道	129,027	29,518	5,433,465	279,219	2,867,130	4,649,129	4,385,615	17,773,103	7,983,699	−2,129	25,754,673
	サービス	317,219	53,084	18,174,564	5,485,985	3,124,101	21,267,108	31,847,291	80,269,352	145,493,938	−2,805,059	222,958,231
	その他	1,579,024	262,132	28,940,932	8,152,746	2,452,041	28,258,861	56,945,313	126,591,049	215,270,335	−6,114,365	335,747,019
内生部門計(D)		6,197,591	419,864	207,337,645	28,802,317	18,795,440	85,523,870	115,692,873	462,769,600	560,063,333	−83,158,077	939,674,856
粗付加価値部門計(E)		5,838,371	340,116	82,566,861	23,712,168	6,959,233	137,434,361	220,054,146	476,905,256			
国内生産額(D)+(E)		12,035,962	759,980	289,904,506	52,514,485	25,754,673	222,958,231	335,747,019	939,674,856			

※本表は簡易化のため，平成23年産業連関表から抜粋して作成した．実際の産業連関表とは異なるので留意が必要．

部門計（Ａ）です。また商品は消費者も購入します。その金額の総計が最終需要計（Ｂ）です。ただし、消費者の需要は輸入された商品でまかなわれる分もあります。その分は最終需要計から引かなければ国内生産額を算出することはできないため、輸入金額を示す輸入計（Ｃ）はマイナスで表記されます。国内生産額は（Ａ）（Ｂ）（Ｃ）を足し合わせることで算出されます。

産業連関表をタテ方向に見ると、「ある産業が、商品を生産する過程で、どの産業から原材料などを仕入れているのか」がわかります。同じく製造業を例にしましょう。製造業の列をタテ方向に見ると、農林水産業から７兆７９３６億１３００万円分、鉱業からは16兆８５７９億７７００万円分の原材料や部品を購入していることがわかります。これを「中間投入」といいます。中間投入をすべて合計したものが内生部門計（Ｄ）です。なお、内生部門計（Ｄ）と粗付加価値部門計（Ｅ）を合計したものが国内生産額です。各産業の国内生産額は、ヨコ方向もタテ方向も同じ金額になります。

この産業連関表は、５年に１度、関係府省庁の共同事業として国レベルの表が作成され、公表されています。国レベルの産業連関表の作成には３年以上の時間が必要といいますから、大変な作業であることがわかります。そこから各都道府県は、この国レベルの表を元に都道府県レベルの産業連関表を作成しています。国レベルから都道府県レベルへと産業連関表を切り出す方法については、産業連関表の精度をできるだけ損なわないよう、総務省統計局が詳細なマニュアルを作成しています。

市区町村など、都道府県レベルよりもさらに小さい地域を対象に産業連関分析を行う場合には、都道府県レベルの産業連関表から、対象市区町村の部分を切り出すことになります。市区町村レベルの産業連関表作成用のマニュアルは用意されていないため、都道府県向けのマニュアルを参考にしたり、専門家のアドバイスを受けながら、独力で作成しなくてはなりません。

国勢調査や事業所・企業統計調査などの統計データを元に、市区町村の表を作成することが多いようですが、統計データによる推計だけでは、精度がかなり落ちてしまいます。そこで、地域の基盤産業については、アンケート調査や聞き取り調査を行い、より現実に沿ったデータを用いる工夫も必要です。第8章で詳しく紹介しますが、たとえば、人口約3350人の北海道下川町では、住民基本台帳人口、北海道道民経済計算などの公的な統計データを用いるほか、下川町の主な事業所にアンケート調査および聞き取り調査を行い、下川町の産業連関表を作成しています(図6)。

下川町のように、市区町村レベルの産業連関表を独自に作成するという取り組みは極めて稀です。「自分たちもやってみたいが、小さい地域での産業連関表作成は難しい」という声をよく聞きます。その理由は、産業連関分析の専門性が高いこと、都道府県レベルから市区町村レベルへと切り出す過程で精度が落ちてしまうこと、国が5年に1度作成するデータを元に都道府県レベルの産業連関表が作成されるのを待たなければならないために、データが古くなってしまうことなどです。

産業連関表の読み方に関連して、第2章で説明した「生産」「分配」「支出」の各総量が3者とも同一であるという「三面等価の原則」について、下川町の産業連関表を使って確認してみましょう。まず「生産」とは、新たに作り出された粗付加価値、すなわち域内生産額から中間投入を引いたものを指します。また「生産」＝粗付加価値は、家計外消費支出（生産活動のための企業消費）、雇用者所得、営業余剰、消耗減耗引当、純間接税といった細目に「分配」されます。この「分配」の総量は、理論上「生産」の額と一致し、ここでは１１７億３１００万円になります。そしてこれらの使われ方をあらわす「支出」を見ると、その総量は最終需要（２４３億６２００万円）から移輸入額（１２６億３１００万円）を引いた金額（１１７億３１００万円）となり、粗付加価値の数値と同じになります。これで産業連関表から「生産」「分配」「支出」の各総量が３者とも同一であるという「三面等価の原則」を確認することができました。

独力で地元の産業連関表をつくるのは大変なので、どの地域でも自分たちの地域のお金の動

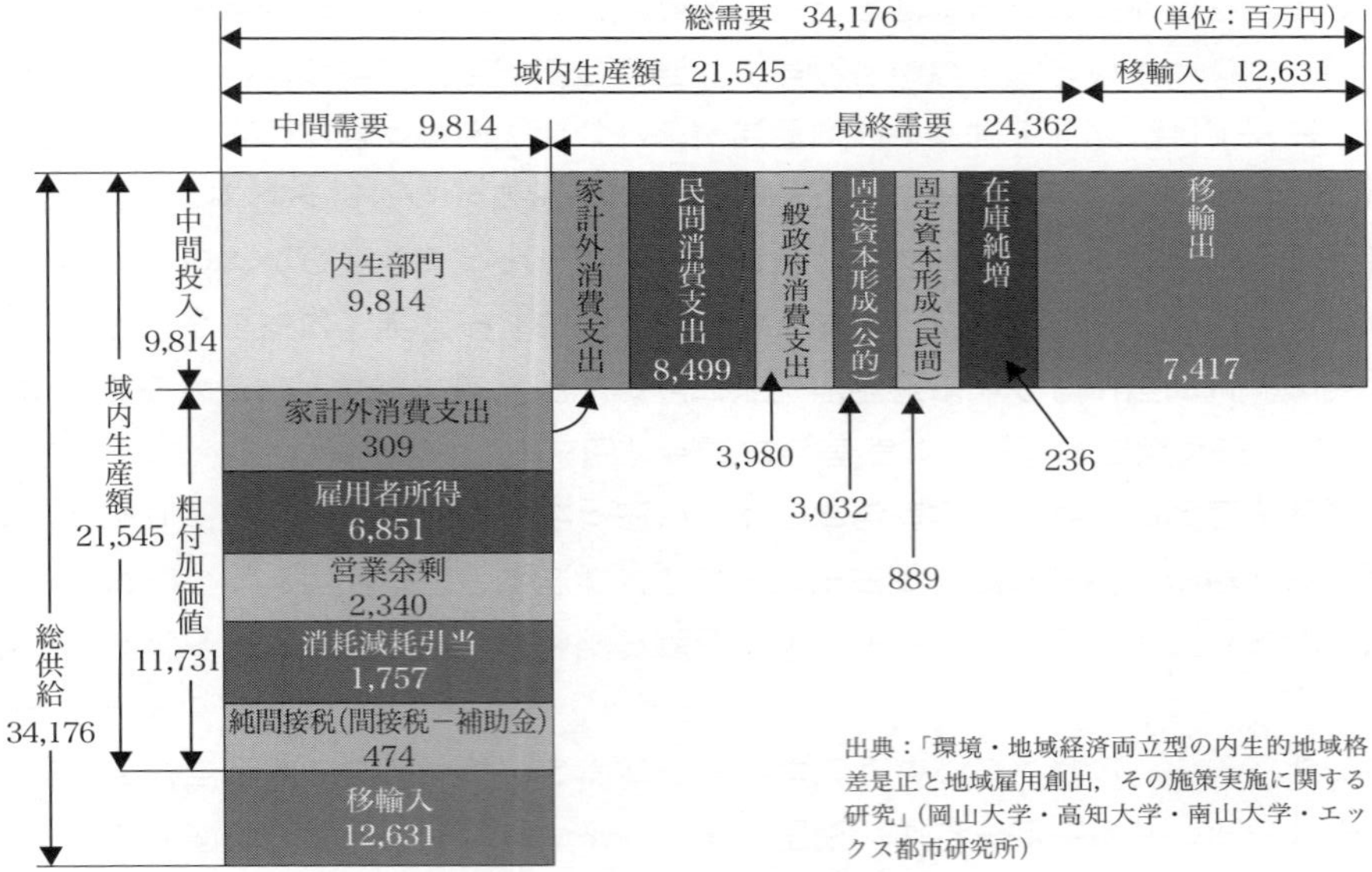

出典：「環境・地域経済両立型の内生的地域格差是正と地域雇用創出，その施策実施に関する研究」(岡山大学・高知大学・南山大学・エックス都市研究所)

図6　下川町の産業連関表

きを大まかに把握できるように開発されたのが、あとで紹介するＲＥＳＡＳ（リーサス）です。そのあとに紹介するＬＭ３、買い物調査など、専門家ではない一般の人にもわかりやすく取り組みやすい測定・分析方法もあります。それらの紹介の前に、もう１つ、産業連関表を用いて「地域経済の漏れ」を調べる方法を説明しましょう。

産業連関表から「域際収支」を調べる

産業連関表を用いて、都道府県レベルでどこからお金が漏れているのかを調べることができます。ある都道府県を対象に、産業部門ごとの「域際収支」を調べる方法です。「国際収支」がある国の「国境を越える財やサービス、資金の流れ」を示すのと同じように、ある都道府県の「県境を越える財やサービス、資金の流れ」を見るのが、都道府県の「域際収支」です。その都道府県が、自分たちの都道府県の外からどのようなモノやサービスをどのくらい買っているのか、そして、他の都道府県にどのようなモノやサービスをどのくらい売っているのか、産業部門から見た全体像がわかります。

たとえば、産業としての農業が盛んな県では、「他県から購入する農作物」の額よりも「他県に販売する農作物」の額の方が大きくなるでしょう。この場合、その県の農業部門の収支は、差し引き「黒字」になります。このように、域際収支を計算することで、その都道府県における産業部門ごとの黒字・赤字がわかるのです。

図7は、高知県の域際収支を表したものです。農業、漁業などは「黒字」ですが、それ以上に、石油・石炭製品などの「赤字」額が大きいことがわかります。この赤字が大きい部分からは、大量のお金が「漏れ出している」ということです。

このようにして、自分たちの都道府県のどの部分からお金が流出しているかがわかります。域際収支を見ることで、都道府県のバケツの「漏れ穴の大きさ」を知ることができ、より効果的な取り組みにつなげることができます。

ちなみに、図8は東京都の域際収支を表したものです。域際収支は、都道府県が発表している産業連関表を用いて計算するのですが、東京都の産業連関表には「本社」という部門が独立して設けてあります。そして、この「本社」部門が大きな黒字であることがわかります。これは何なのでしょうか？

この「本社」部門とは、東京に本社がある企業が、東京都以外の道府県での売上や利益を東京本社に移転したものです。東京都からすると、他の道府県からの「収入」になります。図8から、「本社」部門が東京都にとって何よりも大きな収入源であることがわかります。これは、

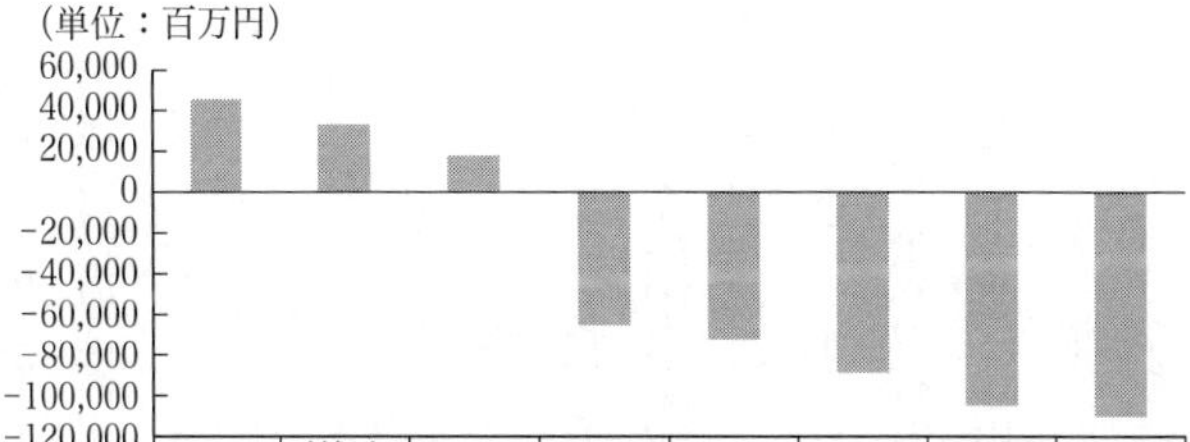

	耕種農業	対個人サービス	漁業	商業	飲食料品	化学製品	対事務所サービス	石油・石炭製品
域際収支	44,910	33,184	17,689	-65,332	-74,287	-89,915	-106,031	-110,848

図7　高知県の域際収支

＊2010年産業連関表より作成

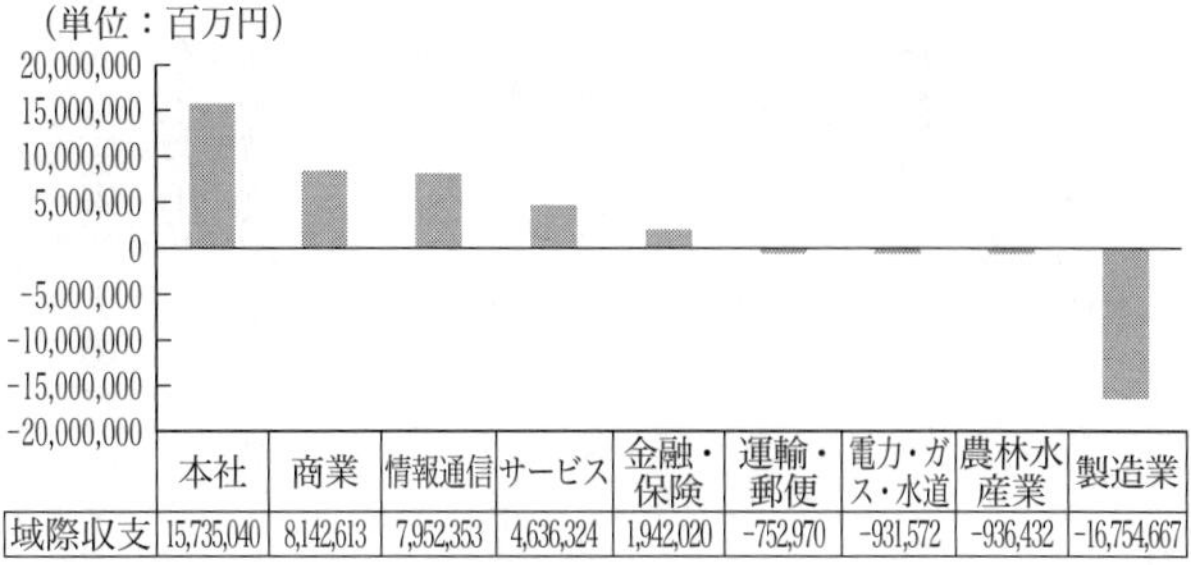

	本社	商業	情報通信	サービス	金融・保険	運輸・郵便	電力・ガス・水道	農林水産業	製造業
域際収支	15,735,040	8,142,613	7,952,353	4,636,324	1,942,020	-752,970	-931,572	-936,432	-16,754,667

図8　東京都の域際収支

＊2011年産業連関表より作成

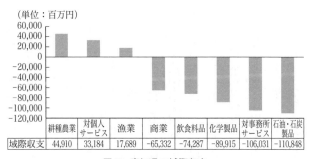

東京都以外の道府県にとっては何を意味するのでしょうか？

地域の経済活性化のためとして、地方に工場や大規模なショッピングモールを誘致する事例をよく耳にします。工場は地域に雇用を生み出し、ショッピングモールは雇用と消費を促進します。しかし、その工場やモールの本社が東京都にある場合は、その売上の多くは東京にある本社に移転され、その地域には残らない、ということです。そう考えると、地域の経済活性化のやり方を再考する必要がありそうです。

なお、域際収支はエクセルの基本的な知識があれば、産業連関表のデータから計算することができます。各都道府県はインターネットで産業連関表を公開していますので、必要な都道府県の産業連関表を検索して、「取引基本表」が入っているエクセルデータをダウンロードしてください（16部門表、40部門表などいくつかの種類がありますが、どこまで産業部門を細かく分類しているかの違いです。自分の目的にあったものを選びます）。

取引基本表の右の方に、「移輸出」「移輸入」という列があります。産業連関表では、地域外へ売ることを「移出」、国外に売ることを「輸出」、地域外から買うことを「移入」、国外から買うことを「輸入」と呼びます。自分たちの都道府県の外に売った分が「移輸出」です。「移輸入」が自分たちの都道府県外から買った分です。つまり、移輸出が移輸入を上回っていれば黒字、下回っていれば赤字となります。産業連関表では「移輸入」額はマイナスで表されていますので、エクセル上で「移輸出」と「移輸入」を足し合わせれば、域際収支の値が計算できます。

この方法は地域経済の「漏れ具合」を知る上で、最も手軽な方法といえるでしょう。

新登場の「地域経済分析システム」を活用する

２０１５年４月に、各地域で自分たちの地域を分析するための、とてもシンプルで使いやすいツールが登場しました。「地域経済分析システム」(ＲＥＳＡＳ＝リーサス)です。これは、政府のまち・ひと・しごと創生本部が経済産業省と連携して提供を始めたサービスで、だれでもインターネットからアクセスできるビッグデータシステムです。国勢調査、経済センサス、商業統計調査、農林業センサスなどの政府の経済統計のほか、民間のデータを複合的に分析することができます。

ＲＥＳＡＳのウェブサイトから、ある地域にアクセスすると、その地域経済のさまざまな側面、たとえば人口や企業数、経済循環などを、地図やグラフ等でわかりやすく見ることができます。人口については、地図の色分けにより、人口の多い自治体、少ない自治体が一目でわかるほか、これまでの人口の推移や人口移動の状況を見ることもできます。

地域経済循環マップ

ＲＥＳＡＳにはさまざまなツールがありますが、なかでも、「地域経済循環マップ」は、都道府県レベルと市町村レベルの経済の流れを大まかに把握できる優れたツールです。市町村レベルでの産業連関表の作成は大変な作業だと述べましたが、ＲＥＳＡＳには、全国の市町村についての産業連関のデータが用意されています。これは既存の統計データを用いた「地域経済計算」などを利用し、統一的な書式で作成されたものです。市町村が詳細な聞き取りをして作成した産業連関表に比べると精度は落ちますが、傾向を把握することはできます。だれもが市町村レベルの地域経済の傾向を把握できるという意味では画期的なものです。

地域経済循環マップの中の「地域経済循環図」の見方を説明しましょう。実際にＲＥＳＡＳのサイト(https://resas.go.jp/)にアクセスして、お住まいの市町村の経済循環を確認しながらお読みください。

地域経済循環マップの地域経済循環図を開くと、図9、図10のような図が表示されます(例として、図9は東京都西東京市のデータ、図10は東京23区のデータを挙げています)。図を見ると、生産、分配、支出の三面等価の原則の三要素が確認できます。29ページで説明したように、この三要素の額はすべて同額になりますが、ＲＥＳＡＳでは、「地域内での生産額」を基準にしたときに、支出と分配でどの程度、他の地域に頼っているのかがわかるように工夫されています。

左下の「生産（付加価値額）」は、その自治体の第一次産業（農業など）、第二次産業（製造業など）、第三次産業（サービス業など）の生産（付加価値額）を示しています。「付加価値額」とは、生産額から原材料費（中間投入）を引いた額です。グラフを見ると、西東京市も東京23区も、第三次産業が生産の多くを占めていることがわかります。

「生産（付加価値額）」の上に、その自治体の生産の総額（第一次産業、第二次産業、第三次産業を足した額）があります。西東京市の生産の総額が５９８８億円なのに対して、東京23区の総生産額は74兆１１７１億円です。各自治体の「生産（付加価値額）」を見ることで、産業規模を比較したり、盛んな産業を把握することができます。

図の中央の「分配（所得）」のグレーの部分は、生産から得られたお金が地域の中で、所得としてどのように分配されているかを示しています。グラフの白い部分は地域外への流出を、黒い部分は地域外からの流入を示しています。またグラフは「雇用者所得」と「その他所得」に分かれていますが、「雇用者所得」は雇用者に支払われた所得、「その他所得」は雇用者所得以

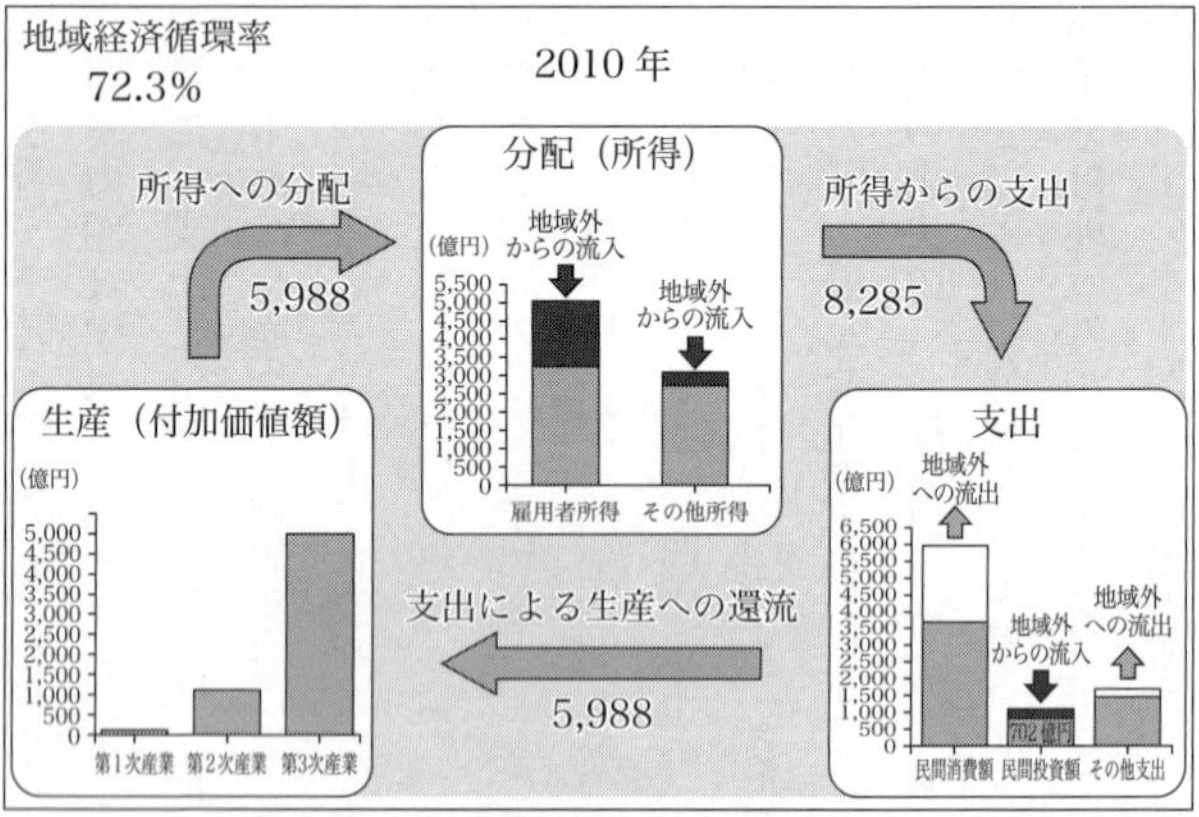

図 9　地域経済循環図（東京都西東京市）
＊執筆時のデータ

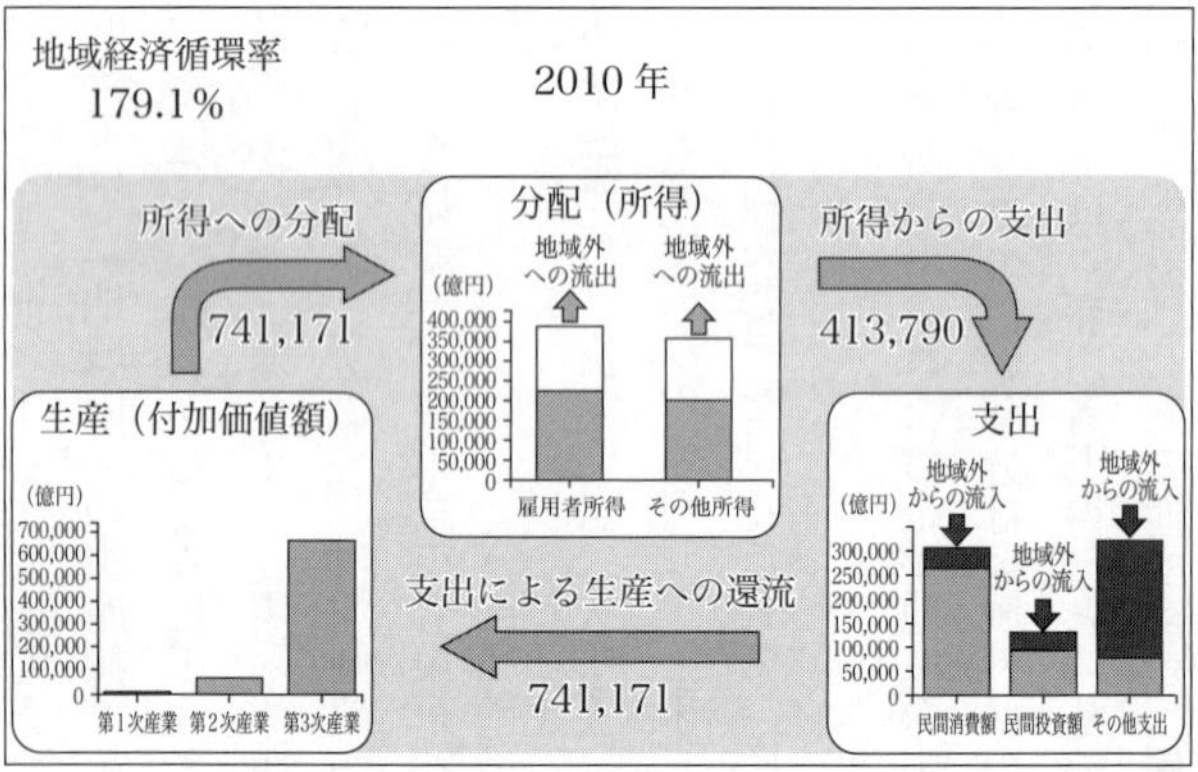

図 10　地域経済循環図（東京都特別区（東京 23 区））
＊執筆時のデータ

外の企業所得、交付税、補助金、社会保障給付などです。

西東京市を見てみると、5988億円の生産に対して、分配(所得)は8285億円と、生産を上回っています。これは、市外に勤務している人が給与などを西東京市に持ち帰っていることを示しています。いわゆる「ベッドタウン」では、この比率が大きくなります。

東京23区では逆に、地域内の生産の74兆1171億円に対して、地域内で分配(所得)されているのは41兆3790億円と、生産が分配を大きく上回っています。23区で働いた人が、他の地域に給与を持ち帰っていることがわかります。

「支出」は、地域内に分配された所得がどのように使われたかを示すものです。「地域住民の消費が地域内で行われているのか」「地域外から投資がどのくらい行われているのか」を示しています。

支出は「民間消費額」「民間投資額」「その他支出」の3つに分かれています。「民間消費額」は、市民が地域内で買い物をしているのか、地域外で買い物をしているのかを示しています。西東京市では市民の買い物によって、お金が地域外に漏れ出しているのに対して、東京23区では区民以外が23区で買い物をしていることがわかります。

「民間投資額」は企業の設備投資等を示しています。「その他支出」には政府の支出や、移輸出入収支額などが含まれます。東京23区の「その他支出」からは、地域外からの流入の割合が非常に大きいことがわかります。

地域経済循環率

図の左上には、各自治体の「地域経済循環率」が記されています。これは地域の所得を地域の生産が支えている割合を示しています。西東京市では、地域の所得(8285億円)のうち、地域内の生産がまかなっている額は5988億円となります。よって、5988億円÷8285億円≒0・723、地域の所得のうち、約72％を地域の生産が支えている計算になります。それに対して、東京23区の地域経済循環率は179・1％ですから、23区内の生産のうち、79・1％分が東京23区以外の所得になっている計算です。

このように、RESASの地域経済循環図を用いると、自分の地域の「自立度」や「お金の漏れ」を簡単に把握でき、対策を考えることができます。たとえば、「分配(所得)」の「雇用者所得」での「地域外からの流入」が大きいのであれば、「地域内の働く場を増やすことができないか?」と考えることができるでしょう。また、「支出」の「民間消費額」での「地域外への流出」が大きい場合は、「地域内に必要な買い物をする場が足りないのか?」「地域内で地域の人が必要なものをつくっていない・売っていないのか？」などと考え、さらに詳しく調べてみることもできるでしょう。

ＲＥＳＡＳについては、ここで紹介した以外にもいろいろな使い方があり、専門のガイドブックも多数出ています。興味のある方はぜひ参考にしてください。

第４章　地域の「どこで、どれくらい漏れているか」の詳細を知る

産業連関表やＲＥＳＡＳを用いて、ある地域全体からのお金の漏れを知る方法を紹介してきました。このようにある地域の「全体」を見る方法のほかに、地域のある部分やある産業・事業者、ある側面に焦点を当ててお金の漏れを把握するやり方もあります。具体的な対策を考える上で非常に役に立ちます。

ここでは、３つの方法をご紹介します。１つめは、既存の統計データをもとに、ある地域が「地域外の産業に頼っているのはどこか？」を把握する方法、２つめは、地域のある組織（企業など）のお金の流れを把握する方法、３つめは、その地域の住民や事業者などを対象にアンケート調査を行う方法です。

既存の統計データを活用する

英国南西部にあるトットネス地方には「地元経済の青写真」というとても参考になる報告書があります。この報告書では、飲食物、住宅の省エネ改修、再生可能エネルギー、介護・健康の4つの分野を取り上げ、それぞれの分野を対象に、「地域の外にどれくらいのお金が漏れているのか?」「地域外の産業やサービスに頼っている部分を、地域内の産業、サービスに切り替えることで、どのくらいの規模の経済効果が地域にもたらされるか?」を具体的な数値として示しています。ここでは、「飲食物」を取り上げて、計算の仕方を紹介しましょう。

報告書はまず、トットネス地方(トットネスの町と周辺のいくつかの村を合わせた、人口約1万2000人の地域)の食品関連事業の「小売店の総売上」を見ることで、この地域の家庭消費の需要全体を把握しています。小売店の総売上とは、この地域の八百屋やスーパーマーケットなどの売上ですから、家庭による購入額の合計とみなすことができます。

世界の企業情報データベースを提供するビューロー・ヴァン・ダイク社の2011年のデータによると、トットネス地方には、約380の食品関連事業があり、1500人以上を雇用しています。これはトットネス地方の全雇用の約14%にあたります。食品関連事業の総売上は、およそ1億1400万ポンドになります。

総売上の内訳は、卸売り、外食産業、小売店、生産者となっていますが、小売店の総売上が31％を占めています。食品関連事業全体の総売上は1億1400万ポンドですから、小売店の総売上(31％)は、約3500万ポンドとなります。報告書では、観光客による消費分なども考慮して、家庭での食べ物・飲み物に消費されているのは、年間約3000万ポンド相当としています。

報告書では次に、この3000万ポンドの家庭の消費が、大きなスーパーマーケットと地元の食料品店のどちらで行われているのかを計算しています。大きなスーパーと地元の食料品店の売上を区別する理由はもうおわかりでしょう。大規模スーパーの売上は、本社のある都市に吸い上げられてしまう一方、地元の食料品店の売上は、地元にとどまり、再び地域で使われる可能性が高くなるからです。

地元の事業所や店舗であれば、その売上が地元の人々の賃金や地元の仕入れ先への支払いに使われるだけではなく、会計業務、マーケティング、印刷、清掃なども、地元の会社と契約する可能性が(全国チェーンのスーパーに比べると)高いでしょう。したがって、地域の人々が大きなスーパーで食品を購入している金額と地元の商店で購入している金額を比べてみることが重要なのです。

この比較を行う最も正確な方法は、スーパーと地元の食料品店のそれぞれに、食品関連の売上を教えてもらうことです。しかし、事業者はこういったデータは公開しないのが常です。このプロジェクトでも、既存のデータからはスーパーで使われている金額の割合と地元の食料品店で使われている金額の割合を出すことができず、売上データを教えてもらうこともできませんでした。

そこで、国全体のデータから推計することにしました。英国全体の統計から、食べ物と飲料（アルコールをのぞく）の消費の81%が、大規模なスーパーマーケット・チェーンで行われていることがわかっています。こうした計算などを勘案し、トットネス地方では、家庭の購入金額3000万ポンドのうち、約2000万ポンドがトットネス地方に2店舗あるスーパーで使われていると推定しました。トットネス地方に約60店舗ある地元の食料品店で使われているのは、残りの1000万ポンドとなります。プロジェクトでは、この計算をした上で、地域のスーパーに確認したところ、「だいたいそのくらいの数字です」という回答を得ています。

トットネスでは、他の団体が作成した報告書も活用しました。Campaign to Protect Rural England（イングランドの田舎を保全するキャンペーン）という団体がトットネスを対象にパイロットプロジェクトを行っていたのです。このプロジェクトで、トットネスの町の食べ物は半径30

マイル圏内のどこから来ているかを調べ、食のつながりをまとめた「畑からフォークへ　トットネス」という報告書を出しています。それによると、「トットネスで17店舗に聞き取り調査をしたところ、売上の合計は８００万ポンドであり、そのうち、地元からの調達分は４００万ポンド超だった。この比率を地元の産品を販売しているとされているトットネスの全店舗に適用すると、地元調達の産品の年間売上は８００万ポンド超と考えられる」と結論づけられています。

つまり、これらのデータを合わせると、「地元で消費されている３０００万ポンドのうち、地域内から調達されているのは、約８００万ポンドしかない」ことがわかります。残りの２２００万ポンドは、地域外から調達された飲食物に使われているのです。

「地元経済の青写真」では、この結果をもとに、「トットネスの町の人たちが、食べ物・飲料に使っているお金のたった10％を地元産の飲食料品へ切り替えれば、地元経済に２００万ポンドの価値をもたらすことになる」という試算を報告しています。

このようなプロセスで、トットネス地方を対象にした「地元経済の青写真」プロジェクトの「飲食物」の分析が行われました。整理すると、

①対象カテゴリー（ここでは飲食物）を定める

②その総売上を既存のデータから調べる
③総売上を、地域経済への貢献が相対的に低いであろうスーパーと、相対的に高いと考えられる地元の食料品店に分ける
④さらに、スーパーと地元の食料品店の域内・域外調達の割合を調べる

というプロセスです。

このように、データを計算し、「見える化」することで、「より漏れの少ない地元経済」への「青写真」を描くことができます。このような「青写真」が共有されれば、地元の人々や事業者に取り組みを提案しやすくなり、その効果を測定することも可能になります。第9章で、実際にトットネスの人々がこの報告書のデータを用いて、どのように「地域経済を取り戻す」取り組みを展開しているかを紹介しましょう。

地域内乗数効果を計算する方法

次に、「漏れバケツ」理論を提唱しているNEFの開発した「LM3」(Local Multiplier 3)を紹介します。LM3は、地域全体の経済ではなく、ある組織(企業など)を対象に、その支出が地域経済にどのような影響を与えているかを測ろうとするものです。簡便に実施でき、特定の企

業や組織単位の地域経済への影響を測ることで、具体的な取り組みにつなげることができます。

ＮＥＦがＬＭ３を開発したのは、「地域のお金の流れを分析するための従来の方法は難解だ。もっと簡単に、時間をかけずに、素人でもできる方法がないか？」と考えたためでした。

ＬＭ３とは、その名の通り、Local Multiplier（地域内乗数）を３巡目まで計算する方法です。

図11は、あるＢ＆Ｂ（民宿）のお金の地域内での動きを１巡目、２巡目、３巡目、４巡目……と調べていったグラフです。この例では、濃いグレーで示されている３巡目までで、地域内で使われたお金の85％をカバーしていることがわかります。このように支出額の大部分は最初の３回で使われるので、そこまでを測るのです。

具体的に、地域のある企業を考えてみましょう。１巡目は、その企業のある年の収入です。１００万円の年間収益があったとしましょう。２巡目は、「その１００万円のうち、いくらが地域内で使われたか」です。たとえば、その地域に住んでいる従業員の給与として60万円が支払われ、資材の購入費のうち20万円が地域内で使われた、というように調べていきます。ここでは80万円が地域内で使われたとしましょう。３巡目では、２巡目の80万円のうち、さらに地域内で使われた金額を調べます。従業員は、給与のうち、どのくらいを域内での購入に使ったか、資材を供給した事業者は、受け取った20万円のうち、どのくらいを域内での支払いに使っ

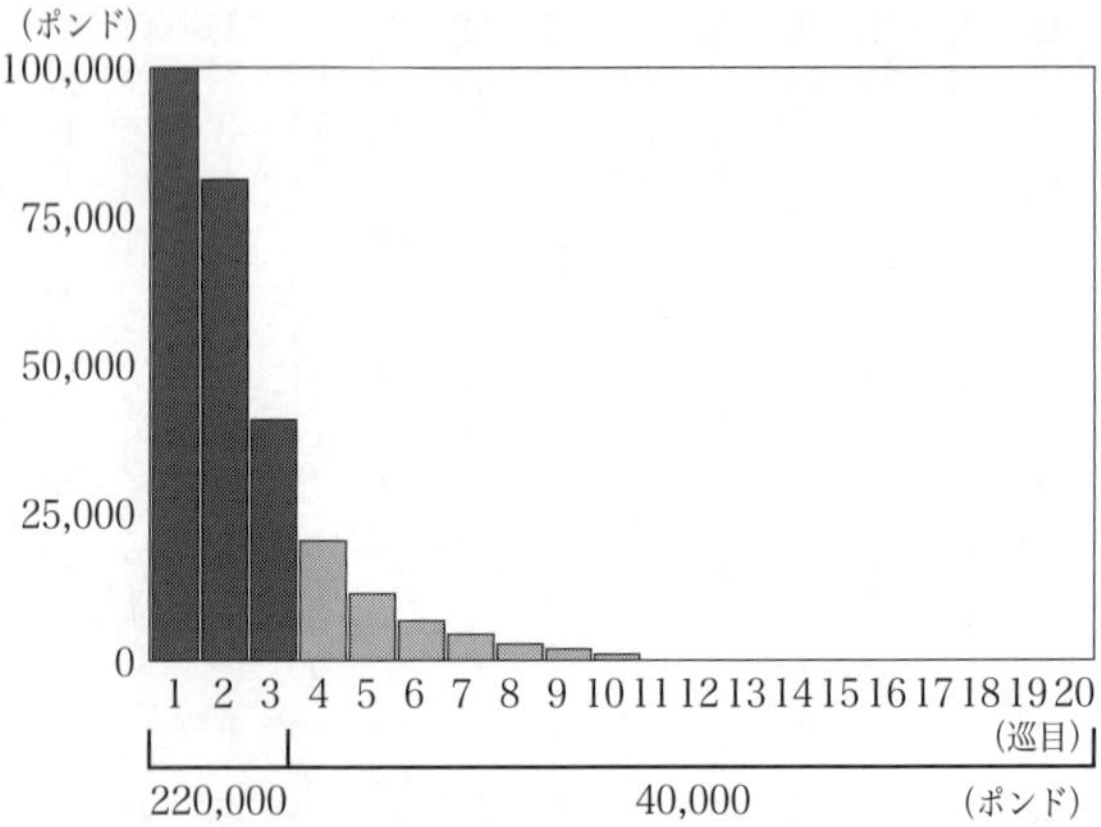

図 11　ある B&B の地域内乗数効果

たか、という具合です。3巡目は40万円だったとしましょう。

LM3の計算式は「1巡目から3巡目までの金額の合計額÷1巡目の収入」です。この例でいえば、「(100万円+80万円+40万円)÷100万円」、つまり、2・2がLM3の値です。この「2・2」という数字は、「この企業が1円の収入を得るたびに、地域経済には2・2円が生み出される」ことを示しています。当初の収入に対する割合で示すことで、企業や組織の売上規模などに関係なく、地域経済への貢献度を見ることができます。

このようにして、「地域のある企業や組織が収入を得ると、地域の経済にどのくらいの価値を生み出すか」を計算することは、2つの意味で役に立ちます。

１つは、「比較ができる」ことです。たとえば、地域にある食堂のＬＭ３を比べることで、「味も値段もそれほど変わらないなら、地域経済により貢献している食堂で食べよう」と、消費者が選べるようになります。比較されることで、食堂は地場産の食材の調達率を上げる努力をするでしょう。地方自治体が、公共事業への入札条件の１つにＬＭ３の値を用いれば、「地域経済への貢献度も考慮に入れた公共事業」が行いやすくなるでしょう。

もう１つは、「改善の指針になる」ことです。自社のＬＭ３の数値だけではなく、中身を吟味していくことで、自分たちの調達先の再検討につながるでしょう。ＬＭ３を用いて、地域経済への貢献度の「現状把握」をしたのち、継続的にＬＭ３を測定することで、より地域経済に貢献しようとする努力の「効果と進捗の確認」もできるでしょう。

ＮＥＦの資料には、自社のＬＭ３を計算したが、その結果の数値にがっかりし、ＬＭ３を大きくするにはどうしたらよいかを考えた事業者の例が載っています。その企業では、自社のＬＭ３を調べてみて、自社が資材やサービスを購入している地元の供給業者の多くが（社名には地元地域の名前がついているにもかかわらず）、実際には域外から従業員を雇い、域外から原材料を調達している割合が高いという実態を知りました。そこで、正真正銘の地元の供給業者を探し始めると同時に、同様の関心を持つ地元の他の組織と共にグループを設立し、協調して取り組みを進めています。

買い物調査を行う

「一度地域に入ったお金が、どれだけ地域の人の手から手へと循環しているか」を追跡して乗数効果を計算するに至らなくても、もっと手軽に「自分たちの購買・調達先を調べる」だけでも、地域経済の漏れをふさぐ方策を考える出発点になります。最も手軽に実施できる「買い物調査」について紹介しましょう。

多くの都道府県や市区町村で、「地域の産業振興計画の参考にするため」「商圏の動向把握のため」といった目的で、「買い物調査」を行っています。この調査は、消費者の支払うお金の漏れを「見える化」するためにも活用できます。

買い物調査では、地域の人々に、「何を、どこで買っているのか」を尋ねます。そうすることで、地域の人々が域内・域外で買っている割合を調べることができます。調査の方法によっては、「どういうものを地域内で買っていて、どういうものを地域外で買っているか」もわかるでしょう。こうして、地域からお金が漏れている箇所を探すことができます。「地域外から購入しているものを地域内で生産・販売すれば、これだけの人が購入する可能性がある」とわかるので、地域内の新規事業の可能性をも明らかにできます。

買い物調査は、住民が自分たちで実施することもできます。町内会や商工会議所などの集まり、地域のイベントなどに参加した人たちに調査に応じてもらうことで、地域に住む人々の買い物の動向を把握できます。その結果を見ながら、地域の人々と話し合う機会を持てば、自分たちの地域の経済について理解を深め、消費行動をどう変えればよいかを一緒に考えることもできるでしょう。

買い物調査では一般的に、「どこで（地域内か、地域外か）買い物をしているか」「買い物をする店の種類（地元のお店、スーパー、コンビニエンス・ストア、百貨店、通信販売など）」「そこで買い物をする理由」などを聞いていきます。自分たちで実施すれば地域の状況や調査の目的に合わせて質問項目を考えることができます。「買い物調査」「買い物動向調査」などのキーワードで検索すると、自治体や研究所などが行っている類似の調査例がたくさん見つかりますので、調査カテゴリーや質問項目などの参考にしてください。

市区町村など行政の買い物調査は、「調達調査」と呼ばれます。調達調査はその市区町村の「発注先・調達先」が域内なのか、域外なのかを調べます。

私の関わっている島根県海士町では、冒頭に紹介した「あすあまチャレンジプラン」をつくる過程で、メンバーである役場職員が中心となって、地域経済の現状を知るための「調達内訳調査」を行いました。地方の小規模自治体では一般的に、町の経済に占める「行政の支出」の割合が大きいのです。海士町では、その中でも特に「町が出している建設関係の発注(公共工事)」について調べました。

2014年度の建設関係の支出を調査したところ、島内では約57億円の経済規模であることがわかりました。建設関係を特別会計の「簡易水道」「下水道」、および「一般会計」に分けて、それぞれの案件の発注先が島内か島外かを調べたところ、「簡易水道」は半分強が島外、「一般会計」は3分の1弱が島外であることがわかりました。また、建設関係の発注額自体が減ってきていることも明らかになりました。

このように、現状を把握できれば、その原因を探り、打つ手を考えることができます。「明日の海士をつくる会」はまさにこの作業を進めています。

第５章　身近な「漏れ穴」をふさぐ

地域経済とそこでやりとりされるお金を、「バケツ」と「水」にたとえて説明してきました。ある程度の水が外から入ってきて、そのうちのかなりの部分はすぐに流れ出ることなく、水が地域経済のすみずみまで行きわたる地域が「豊かな地域」なのではないかと思います。

前に説明したとおり、地域経済の漏れバケツの穴をすべてふさぐことは、可能ではありませんし、望ましいことでもありません。それぞれの地域が自分たちでたづなを握って、「域内で生産できるものは、域内でまかなう」「域内で生産できないものは域外から購入し、自分たちも他の地域にそこでは生産できないものを販売する」ことのバランスをとっていくことが望ましい姿だと考えます。域外から購入し続けるものがあるでしょうから、その分は、「外商」によって外のお金を域内に呼び込む必要があります。したがって、「穴をふさぐ」だけでなく、「外から注ぎ続ける」こともももちろん大事です。

しかしこれまでの地域経済再生の取り組みは、「いかに外部からの資金を呼び込むか」だけに焦点を当てるものが大半でした。本書では、「地域経済の循環」「地域内乗数効果」を重視しており、「単に外からのお金が入ればよい」とは考えていません。「いったん入った外からのお金のうち、どのくらいが地域に残るのか？」「地域に残ったお金のうち、どのくらいが地域で循環するのか？」を把握した上で、望ましい形で外からのお金を呼び込むことを考えます。

域内の乗数効果を高め、地域経済を足腰の強いしっかりしたものにしていくためには、具体的にどのように取り組めばよいのでしょうか？　いくつかの側面から説明していきましょう。

実際のバケツを考えても、まずやるべきは「すでに水がどんどん流れ出ている穴をふさぐ」ことです！　図12の左から右へとシフトしていくように、地域の人々が日常的に域外から購入しているものを、域内の生産・供給者からの購入に切り替えていけば、それだけ漏れバケツの穴をふさぐことができます。

そして、効果的・効率的に地域経済からの漏れをふさぐためには、漏れの大きなところを見つけることです。これまで紹介してきた「地域経済の漏れ」調べで、「漏れが大きく」「地元でも供給できる」商品やサービスを具体的に見いだすことができます。また、家計の「三大支出費目」は一般的に、「食費・光熱費・住宅ローン」といわれていますから、まずは「食費」（飲

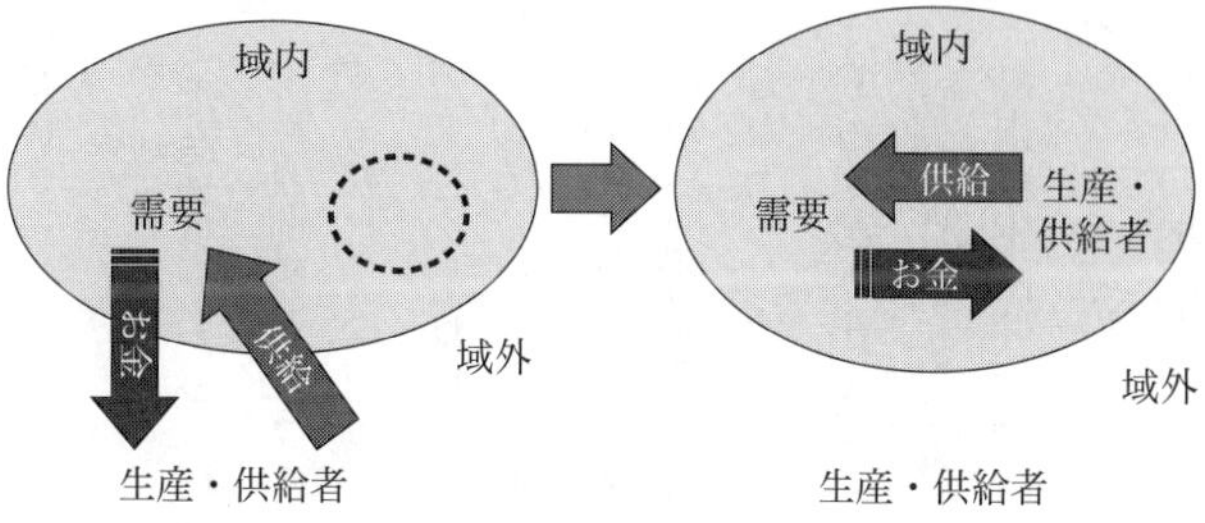

図12

料、酒類、外食を含む）に分類される品目に注力することが有効だと考えられます。

「食べ物？　それなら地産地消ですね？」と思う方も多いでしょう。そのとおりです。地産地消というのは、「その土地でつくられたものを、その土地で食べる・消費する」こと。「地産地消」はよく聞く言葉ですが、「身土不二」という言葉を聞いたことがあるでしょうか。「地域のものを食べることが体にいいのだよ」と説いている言葉です。

「身土不二」は、仏教では「しんどふに」、東洋の食哲学では「しんどふじ」と読むそうですが、その心は文字どおり、「身と土、二つにあらず」。「地域の風土と共に人間の存在はあるのだ」ということを意味します。たとえば、暑い地域では身体を冷やす食べ物を、寒い地域では身体を温める食べ物を食べてきました。住んでいる地域のものを食べることは身体に合っているのでしょう。

そして、地域内で生産された食べ物を地域の人が食べることが地域経済の役にも立つことは、本書の読者にはよくおわかりだと思います。

「地産地消」から「地消地産」へ

この「地産地消」の考え方を、地域経済の観点から大きく発展させた考え方が「地消地産」です。私にこの言葉を最初に教えてくれたのは元新潟県知事の平山征夫さんでした。「地域でできたものを地域で食べよう」ではなく、「地域で消費しているものを地域でつくろう」が大事なんだ、と。そう捉えれば、食べ物以外にも広げて考えることができます。まさに「漏れバケツの穴をふさぐ」考え方です。

この「地消地産」の考え方に立てば、「地域で消費されているのに、地域で供給されていないもの」＝「地域で生産・供給すれば、地域で消費してもらえるであろうもの」を見つけようという意識が出てきます。それはすなわち、需要があることがわかっている新規事業という、「成功可能性の大きなビジネスチャンス」探しでもあります。

島根県中山間地域研究センターの藤山浩先生は東京工業大学での講演で、「中山間地域研究センターの家計調査によると、1世帯あたり年間約3万円分のパンを買っています。もし300世帯の地域があるとすれば、そこには約1000万円分のパンの需要があることになります。

住民が域内で焼いたパンを買うなら、1軒くらいのパン屋を十分まかなえる売上が上がり、その稼ぎで定住できる人が生まれます」と述べています。このような具体的な「売上見通し」は、地域の買い物調査や、都道府県レベルの家計調査などの数字を使って推測できるでしょう。「この地域で○○屋さんを開店したら、やっていけるかどうか」を考えることができます。

藤山先生はさらに、このようにシミュレーションの結果を紹介しています。

中山間地域の家計調査からは、食品を見ても、外食を中心に約半分を域外のお店で買っていることがわかっています。また、食料費は1世帯あたりだいたい55万円ですが、その中で本当に地元でつくっているものの金額は、1・4％しかありません。これでは、経済的にも地域の食文化としても、さびしい限りです。そして、地域にあるスーパーマーケットやコンビニ、ホテル、福祉施設などの各施設の食料の調達先を見てみると、産直市を除いては、ほとんど地元の生産品を買っていないことがわかります。

こうしたデータを元に、人口4000人の中山間エリアでの、具体的な所得の取り戻しのシミュレーションの事例を紹介します。食料と燃料について全品目の50％を地元店舗で買った場合、約1600万円分の所得が新たに作り出されます。これは、約5世帯分の生計を立てられる金額です。
次に、地元で買う比率は現状のまま、各品目の地元生産の割合を3割まで引き上げてみましょう。この場合、新たに生み出される所得は、かなり大きく、6000万円以上となります。これは、21世帯分の生計費になります。そして、部門別に見ていくと、パン屋さんやお菓子屋さんといった新たな部門での起業が見えてきます。地元生産物の域内循環度を増やすと、定住を支える実質的な所得確保が実現できるわけです。

「地消地産＋域内循環向上＝所得が確保できる新規事業→定住」という、地方創生のお手本となる考え方です。

「地域で消費されているのに、現在地域では生産されていないもの」を見つける、別のユニークなアプローチもあります。地方創生のモデル事例としてもよく取り上げられる徳島県神山町を訪れたとき、神山町のまちづくりの中核の1人であるNPO法人グリーンバレー理事長の大南信也さんがこう教えてくれました。
「私は「創造的過疎」と言っていますが、避けられない人口減少という現実を受け入れつつ、人口構成や人口構造を地域が持続していける形へと健全化していくことが大事です。移住促進にしても、ただ頭数を増やすためにどんな移住者でもいいから来てほしい、というのではなく、その地域に必要な技術を持っている職人を公募するという逆指名制度をとっています。地域にニーズがあるわけですから、移住してもその地域で仕事としてやっていけます。定住率も上がります」。

そう言ったあとに、大南さんは古い地図のようなものを見せてくれました。「これは１９５５年の神山の道の駅周辺の商店街の商店街図なんです。その頃、このような38のお店があったことがわかります。今見ると、38軒あったお店が6軒まで減っている。この商店街の地図をみんなで見て、「以前はここにパン屋があったんだね、じゃ、この空き家にパン屋さんに来てもらおうか」という作戦会議をしています」。

こうして神山町には、かつてはあったけれど、今は町になくなっていたパン屋、歯科医、ビストロ、染物工房といった商売を始めるなどして、ここ8年間に１６０人を超える人々が、定住するようになりました。

「地域で消費されているのに、地域で生産されていないもの」の穴をふさぐには、地域に住んでいる人が生産するようになるか、生産できる人を他の地域から呼んでくるか、です。生産できる人を他の地域から呼んでくる場合、定住してもらえないと、また穴が空いてしまいます。

地域に住んでいる人に生産してもらうにしても、生産し続けることができる条件や状況を作り出すことができなければ、持続可能ではありません。「どうやってその人たちに持続的にその商品やサービスを地域内で提供してもらうか」まで、しっかりと考える必要があるのです。

そのために大事なのは、生産物の「出口＝市場」戦略、つまり継続して販売できるものを考え、作っていくことです。また、多くの場合、すでに出口＝市場があるものを対象に、「域外からの調達から、域内での生産へ」と切り替えていくことが最初の一歩になります。

学校給食を変えよう

「地消地産」の取り組みが各地で進んでいる分野の1つが、「学校給食」です。2005年に施行された食育基本法に基づき、2006年より策定されている食育推進基本計画の第三次(2016年度〜2020年度)でも、学校給食における地場産物を使用する割合を現状の26・9%から30%以上にするという目標を定め、国としても「給食の地消地産」を推進しています。

また、2008年6月に改正された学校給食法でも、学校給食において地場農産物の活用に努めることが法律として位置づけられました。第10条第2項に「当該義務教育諸学校が所在する地域の産物を学校給食に活用することその他の創意工夫を地域の実情に応じて行い、当該地域の食文化、食に係る産業又は自然環境の恵沢に対する児童又は生徒の理解の増進を図るよう努めるものとする」とあるように、その主たる目的は「食育」ですが、その結果として地場農産物の活用が進めば、地域経済の漏れ穴をふさぐ取り組みともなります。

農水省は、各地の取り組み事例をもとに、学校給食で地場農産物を利用する上でのポイントについてまとめた手引き書「学校給食への地場農産物の利用拡大に向けて（取組事例から学ぶ）」を作成しており、参考になります。さまざまな事例から、「地域にあった体制づくりができるか」が成功の鍵となっていることがわかります。

さまざまな「学校給食の地消地産の取り組み」を調べた結果、大きく分けて３つの段階での取り組みがあると考えています。

第１の段階は「消費計画にマッチする範囲で地元の農作物を用いる」ものです。生徒数をベースに学校給食の調理計画が立てられることから、前もってわかる「必要な農作物とその量」を、できるだけ地元の農作物で供給しようとします。このような取り組みは現在、全国各地で行われています。

次の第２段階は「地元の農作物の生産計画に合わせて消費計画を立てる」。「何がどのくらい必要か」がわかってからそれに対応するだけではなく、「この季節には、地元ではこれがこのぐらい生産できる」という生産の見通しに基づいて、調理計画を立てる、というものです。

さらに、調理者と生産者が年度に先立って話し合うことで、調理者の希望に合わせて、生産者が生産計画を立て、これまで作っていなかった農作物などの栽培も行う、という第3段階に進んでいる地域もあります。「生産計画と消費計画を共創する」段階と言えるでしょう。

富山県の入善《にゅうぜん》町農業公社の辰尻幸彦事務局長にお聞きした入善町の取り組みを紹介しましょう。

入善町では、1996年8月18日に米サミットを行ったそうです。「米という字は、「八」「十」「八」でしょう？　だから8月18日です」と辰尻さんはにっこり。当時の入善町の学校給食は、パン給食だったそうですが、米サミットをやるのだから、学校給食に米を入れましょう、と動いて、その時からずっと入善町の給食はお米だそうです。「パン食の日は1日もありません」。

その後、全国で学校給食における地場産比率を高めようという動きが出てきたころ、入善町は他よりも高い50％を目指すことにしました。順調に上昇して、42％まで行ったのち、ここ2～3年は37～38％とのこと。「今年は40％に復活したいと考えています」。ちなみに、野菜の地場産比率は48％くらいと、約半分は地場産となっています。

入善町には、中学校が2校、小学校が6校あり、そのうち4カ所で学校給食の調理をしています。学校給食を食べている子どもたちの数は合わせて、１６００人から１８００人くらいになります。

以前の学校給食では、野菜は業者から購入していました。「業者は市場から仕入れていましたから、地場産ではないものがたくさんありました。町にとって、農業は基幹産業です。町の基幹産業である農業を潰さないように、「あえて学校給食に地産地消を採り入れましょう」と、２００３年から切り替えていったんです」と辰尻さん。

「それまで納入していた業者との問題はなかったですか？」と聞くと、「いや、それまでの食材納入業者との間に軋轢は生じました。でも、町や学校関係者、農家が一体となって、地産地消、食農教育を進める取り組みとして説明し、了承を得ました」。

具体的に、どのように学校給食の地場産比率を高める取り組みをしているのかを聞きました。

「毎年、年度末の3月に生産者一人一人に対して、「来年度、あなたは何月に何をどれだけ出せますか」という聞き取りをします。その時期が来ると、もう一度足を運んで、生産状況を確認する。そうすると「忘れていません。出しますよ」と出荷してもらえる。確認に行ったら、１００キロ予定していたものが２００キロになったりということもありますし、天候不順やその他の要因で、その逆もあります。

各学校で給食を作っていますが、生産者からの聞き取りをもとに、前の月の10日過ぎに、「来月はこういうものがあります」と出荷できる野菜を伝えます。それを基本に献立を作ってもらい、25日くらいに各学校から「何日にはこれをこのくらい」という依頼が来ます。それに基づいて、再度生産者に、「こういう計画が来たから、この通りやってください」と、2回、3回のお願い・確認に行きます。献立は、教育委員会が中心になって、栄養士さんが毎月集まって相談されます」。

「業者から一括して仕入れていたときは、こちらが作った献立に従って、必要なものを必要な量だけ注文すればよいですが、地場産を重視すると、そうはいかない場合もありますよね？」と聞くと、「教育委員会から、「今週は、これはこれだけしかないから、この範囲でやってください」と伝えると、各校で、「じゃあ、私のところは明日にします」「私の学校は今日やります」といって、調整してくれるのです。うれしいことです。生産者が1日に10キロしか出せないということになると、調整してもらって、今日はこの学校に10キロ、明日はこの学校に10キロというように、日を分けて配達します」とのこと。このように、献立に合わせて調達するのではなく、生産物に合わせて献立を調節できる、柔軟な対応力が地場産活用の鍵なのだと思いました。

農作物は、生産者が前日に農業公社まで持ってくることになっています。検査して、必要があれば、「悪いものがあるから交換してください」と農家にお願いするそうです。「このように、私たちが農家にお願いして持ってきてもらい、検査して分配しています。学校から苦情があれば、私たちが飛んでいって解決します」。

学校給食に地場産のものを多く採り入れるようになって、変わったことがあるか、聞いてみました。

「子どもたちが変わってきた点がいくつもあります。残さずに、きれいに食べるようになりました。子どもたちは残すことが嫌いです。新しく来た先生が、「これ、嫌いだから残す」と言うと、「先生、それは違うよ」と子どもたちが言います。先生たちも黙って食べておられます。

うちの町の学校給食は、小学校なら１年生から６年生まで１つのランチルームでまとまって食べるんです。５年生、６年生が、１、２年生が食べられないのを見て、「おまえが食べれんかったら、おれが食べる。おまえ、好きなもの取ってけ」と交換しています。そうして、残飯ゼロです。

子どもたちに聞くと、「昨日もおいしかったけど、今日もおいしかった」という声が返ってきます。子どもにとっても、小さいときに味わった味は、大きくなっても忘れないでしょう。

「おれも百姓やってみたい」という子も増えてきました」。

地場産野菜を使う上での苦労についても聞いてみました。

「野菜は、業者から入れたほうが安いけれども、新鮮さがありません。それに、地場産は安心できる。市場で買うと、傷ものはほとんどありません。だけど、地場産の野菜には、虫が付いているのが当たり前です。調理師よりも子どもたちが、「小さい虫がおったよ」と見つけるんです。家に帰って、お母さん方に、「こういう虫が付いていたけど、野菜は食べてうまかった」と言う。

今度は、お母さん方が騒がれる。私たちのところに来られます。そうすると、「お母さん、ちょっと待ってください。あなたが小さいときに食べていた野菜はどうでした？」と聞くんです。親から教育します。

調理師さんには、「もっときれいに洗ってください。どうしても駄目な場合は、お湯を通してください」と言います。お湯を通すと、小さい虫は全部浮いてくる。それを除けば関係ない。野菜に穴のあるのは当然です。調理師のみなさんは、「店に行って、お金さえ出せば、虫も穴もない野菜が買えるのに、なんで穴の空いたのを持ってくるの？」と言います。「そうじゃない。地元の農家から安全で安心な野菜を買うことが、大事だと思いませんか？　子どもたちがおいしいと食べる作り方をしてください」。そのために、僕も学校に行って、包丁の研ぎ方から教えます」。

「それだけのエネルギーを注いでいる原動力は何ですか？」とお聞きすると、「農業が町の基幹産業なんです。それを支えたいのです」。

入善町には、農作物の生産者がたくさんいます。辰尻さんは農協で営農指導をしていたので、どの地区で誰が何を作っているか、全部わかっているといいます。「生産者は30名近くいます。家庭菜園的に作っている人も含め、誰が何を作っているかだいたい知っています」。

地場産を供給してくれる入善町の農家には、たとえば、「タマネギ1個、いくらで売りたいんだ？」と値段をつけてもらうそうです。農業新聞などにある市況の最高ランクの値段を基準に、一番高い値段を年間通して示すとのこと。

「生産者が、１個１００円欲しいというなら、１００円渡しましょう、と考えています。まず生産者を大事にしなければならない。だから、生産者が希望する価格をまず設定します。

その代わり、こちらからも「選別が悪い」とか、「もっと大きさを揃えてくれ」とか、注文をつけます。こちらが言ったことに対応してくれたものについては、黙って値段をつけます。「市場でこれだけになっているけど、あなたはこれでいいのか」と、品物が良かったら100円でなくて110円と、値段を上げてあげます。1円でも2円でも懐に入る金が多くなれば、返ってくるのは笑顔です」。

生産者には、高齢の方もいらっしゃるそうで、「小遣い稼ぎみたいな感じでやっておられます」。「家庭菜園で作って、来月1回でもいいから出してよ」とお願いし、1回出せば、いい小遣いになったと喜ばれる。「もうちょっと増やしていい?」「どんどん増やしてください」という具合だそうです。また、辰尻さんが農家の畑を回りながら、「こういう野菜もできないか」とか、いろいろな話をして、新しい作物にもチャレンジしているとのこと。辰尻さんが仕事を始めた2009年からの農作物の種類の表を見せてもらうと、だんだん増えていることがわかります。

また、毎年3校ずつ、予算を取って、生産者が学校に行って、子どもたちと一緒に給食を食べて話をする「ふれあい給食」をやっています。子どもたちがとても喜ぶそうです。原稿用紙に3枚も4枚も書いてくる作文を、家でお父さんとかお母さんに見せると、「われわれが思わないこと、それ以上のことを子どもたちが思っている」と、親から「どんどんやってほしい」

という要望がくるそうです。

ふれあい給食では、「今日のこの食材は、この方が作られました」と生産者も紹介されます。「生産者はびっくりされます。子どもたちは、われわれ以上に拍手したり、いい言葉をかけてくれますから、生産者も前へ進むことができるんです」。

「僕らは、子どもたちにいいものを食べさせたいという、その思いで、農家と一緒にがんばっています。今でも顔を合わせると、20歳、30歳近くになっている子どもたちも、「学校給食、おいしかった」と言ってくれるんです」と辰尻さんは日に焼けた顔をほころばせました。

このような「学校給食を地消地産で」という取り組みはあちこちで行われています。いろいろな事例から、その地域にあった体制をつくり、農業者や学校・給食センター、間をとりもつ調整役の機関など、それぞれの立場から地場の農作物の調達拡大に努めた結果、給食の食材の「地消地産率」が高まっていることがわかります。そして、高まった分だけ地域経済の漏れバケツの穴をふさぐとともに、地元の産業や誇り、絆、笑顔など、多くの幸せをも生み出しているのです。

「外に持ち出して加工して持ち込んでいるもの」に着目する

地域経済の漏れバケツの穴をふさぐことを考えるとき、特に気をつけて調べてみる必要があるのは、「地域で生産されたものが、域外に持ち出されて、別の場所で加工されてから、また地域に戻ってきていないか」です。

域内で生産されたものが域外に原材料として供給されれば、その対価は地域に入ります。しかし、加工して付加価値をつけたものを地域がふたたび購入するとしたら、域外に支払う額のほうが大きくなります。

例を挙げましょう。スケソウダラの卵巣を唐辛子などで味つけした辛子明太子は、博多の名産品として知られています。実際、全国の消費量のうち、約70％が福岡県で生産されています。しかし、その原料となるスケソウダラは、福岡県では獲れません。国内では主に北海道で獲れます。

一方で、明太子を含むたらこの都道府県別消費量を見ると、北海道の消費量は全国平均を上回っています。北海道の消費者が、「北海道で獲れて、福岡に運んで加工され、ふたたび北海道に運ばれた辛子明太子」を消費している量が少なくないことが推測できます。北海道内にも辛子明太子の生産者は存在しますから、「北海道で獲れて、北海道で加工された辛子明太子」

を北海道の消費者が食べるようになれば、その分、北海道から域外に流出していたお金が地元に残ることになります。

45ページの図７で、産業連関表を用いて計算した高知県の域際収支のグラフを例として掲載しました。よく見ると、最大の黒字をもたらしているのが農産物である一方、四番目に大きな赤字は「飲食料品」です。つまり、高知県は、第一次産業が盛んで農産物を域外にたくさん供給しているのですが、同時に、農産物の加工品を含む飲食料品をたくさん域外から購入している、ということです。もちろん、その中には高知県では生産・加工できない飲食料品もあるでしょう。しかし、先ほどの辛子明太子のように、「キュウリを生産して域外に売っているのに、キュウリの漬け物を域外から購入している」といったこともよくあります。その場合は、「域内で生産したキュウリを、域内で漬け物に加工して、域内の消費者に買ってもらう」ことができれば、その分、漏れバケツの穴をふさぐことができます。

高知県の地産地消・外商課の中村元彦さんに聞いたところ、「域内で生産し、域外で加工して、域内で消費・販売しているもの」を、「域内での加工」に切り替えた事例を教えてくれました。実際に「漏れ穴をふさいだ」取り組みを紹介しましょう。

東京・銀座にある高知県のアンテナショップでも売上１位を誇る商品に、「万能おかず生姜」

があります。「外商」の大きな武器でもあり、もちろん、地元の人々も好んで食べる商品です。高知県高知市にある四国健商が開発し、販売しています。

開発当初は、高知産の生姜を使い、宮崎県内の業者に製造を委託していました。高知県の人が食べる場合には、域内産の食材↓域外で加工↓域内に持ち込んで販売という図式でしたから、加工分のお金は域外に流出していました。

数年前に天候不良が原因で九州の製造元で高知産生姜の手配ができなくなったことをきっかけに、高知県産の生姜の手配が可能であった高知県香美《かみ》市にある坂田信夫商店に製造委託を切り替えました。高知県知事の「地産外商」と同じ考えを持っていた四国健商の社長の判断です。「万能おかず生姜」を製造し始めたころは、県内に商品加工技術がなかったこともあって九州の業者に製造を依頼したのですが、その後、坂田信夫商店でも対応できるようになっていたため、切り替えができました。

四国健商の担当者に聞くと、「万能おかず生姜の売上額から考えると、この切り替えによって、月数百万円が高知県内にとどまるようになりました」とのこと、漏れ穴をふさいだ事例の1つです。高知県にせよ、どの地域にせよ、域外から購入しているものをすべて域内生産・加工に切り替えよ、というつもりはありません。しかし、高知県には、域際収支のグラフからも、

「もったいない漏れ穴」が多数あることがわかっています。もう少しバランスの良い形に持っていくことで地域経済の足腰を強くすることは、中長期的なレジリエンス(しなやかな強さ)の観点からも大事なことだと考えます。

近年、多くの地域や農水省が力を入れている「六次産業化」も、地域経済の視点から見れば、「漏れ穴をふさぐ」取り組みとして役に立つ可能性があります。六次産業化とは、農産物や畜産物、水産物を生産する(第一次産業)だけでなく、その生産物を用いて食品加工(第二次産業)を行い、さらには流通や販売(第三次産業)にも携わっていくことで、加工賃や流通マージンなどそれまで第二次・第三次産業の事業者が得ていた付加価値を、農業者や漁業者が得ていこう、というものです。ちなみに、「六次産業化」という言葉は、1(第一次産業)×2(第二次産業)×3(第三次産業)＝6からつけられました。

もっとも、「六次産業化＝地域経済に役立つ」とは限りません。食品加工や流通販売を都市部に本社のある企業が行う場合と、地元の事業者が行う場合では、LM3でいう2巡目以降の地域経済への貢献度が大きく異なるからです。

特に、地域が六次産業化を進める場合には、加工をだれがどこで行うか、そのときの資材はどこから調達するか、流通や販売はどこの資本でだれが行うか、関連する資材やサービスの供給事業者はどこの事業者かなど、2巡目、3巡目も地域経済により役立つ形を考えることで、その波及効果を大きくすることができます。

わかりやすい離島の「漏れ」

「域内か、域外か」を考える際に、離島ほどわかりやすい場所はないでしょう。しばしばお邪魔している島根県の海士町では、フェリーの発着する港で見ていれば、文字通り、「島に入ってくるもののすべて」「島から出ていくもののすべて」を見ることができます（もちろん、中身までは見えませんが！）

海士町でも、「地域で消費されているのに、地域で供給されていないもの」＝「地域で生産・供給すれば、地域で消費してもらえるであろうもの」を見つけて、域内で生産・供給できるように！という取り組みがさまざまに展開されています。

たとえば、鶏卵。かつては、本土からフェリーで輸送され、店に並べられたものしかありませんでした。離島なので、台風や大時化《おおしけ》の時期には、数日間フェリーが欠航になることがあります。「そうすると、卵は食べられなくなったんだよね」と島の人は言います。数年前から、島の民宿で鶏を飼って、産みたての卵を宿の朝食に出すようになったほか、今では、水産加工場で働く傍ら、山の斜面を切り拓いて、養鶏を始めた人もいます。80羽ほどの鶏が元気に駆け回り、手作りの鶏舎で産む安全・安心でおいしい卵は、無人スタンドに置くそばから買われていくようになりました。「今では、船が欠航になっても、卵は食べられます！」

この海士町を中心に展開されている、大きな「漏れバケツの穴」をふさぐ取り組みを紹介しましょう。民宿やホテルのリネンのクリーニング・サービスです。

島根半島の北方約50キロメートルに位置する隠岐島は、4つの島からなっています。そのうち西側の3島(中ノ島・西ノ島・知夫里《ちぶり》島)は「島前《どうぜん》」、東側の大きな島は「島後《どうご》」と呼ばれています。

島前の3町村のうち、海士町にはホテル1軒と民宿旅館12軒、西ノ島町にはホテル4軒と民宿旅館9軒、知夫《ちぶ》村にはホテル1軒と民宿旅館4軒があります。島後の隠岐の島町には、ホテル10軒と民宿旅館20軒があります。

この島前・島後にあるホテルや民宿旅館のリネンのクリーニングは、隠岐の島町にあった「隠岐リネン」が請け負っていたのですが、2011年ごろ、隠岐地方での宿泊施設の廃業が相次いだのに伴って、廃業してしまいました。

困ったのは、残ったホテルや民宿旅館です。しかたなく、フェリーで三時間かかる松江市にある業者にリネンのクリーニングを発注するようになりました。クリーニングコストに加えて、輸送費もかかるようになってしまったのです。その上、本土の大手業者にとっては、小さな島の宿泊施設は「ロットが小さすぎる」ため、価格も高く、細やかな対応もしてもらえないという厳しい状況でした。

ところで、海士町の観光協会は、さまざまなユニークな取り組みを展開しているのですが、その1つとして、観光協会のスタッフが、ただ事務所で仕事をしているのではなく、実際の現場に出て仕事を手伝いながら、現場の状況を知り、効果的な取り組みにつなげようと、民宿の掃除やルームメーキングの手伝いもしています。そうして民宿の掃除をしていた観光協会のスタッフが、リネンのクリーニングの悩みを知り、「なんとかできないか」と観光協会でも話し合うようになりました。

ちょうどそんなとき、山陰合同銀行の子会社「ごうぎんキャピタル」との縁ができ、「自分たちでリネンのクリーニングをやってみよう」という提案に対して、ごうぎんキャピタルの出資するファンドや総務省の事業費などを活用して、資金調達をはかることができました。ファンドの活用にあたっては、株式会社が必要となります。そこで、観光協会の子会社として、2013年3月に「株式会社　島ファクトリー」が設立されました。

島ファクトリーは、海士町内のホテルや民宿旅館3軒ほどのリネンのクリーニングからスタートしました。それまで域外に委託していたリネンのクリーニングを島内で行えるようになったことで、数百万円程度のクリーニングコスト＋輸送費の島外流出を回避できているそうです。人口約2400人の小さな町の地域経済にとって、数百万円の漏れをふさぐことができたのは大きな一歩です。

今は、近くの他の島のホテルの取り扱いも増やしているところです。今後、取り扱いを広げていくことで、島前全体で約1000万円、隠岐全体で約2500万円ほどの、現在は島外に流出しているお金を島内・地域内で循環できる見込みとのこと。

島ファクトリーの初代代表・青山敦士さんは、最後にこう話してくれました。「島外に頼っているものを島内でまかなうという考えに基づき、今後はお土産の開発にも島内の事業者と共に取り組みたい。お土産品はまだ島外で製造されたものがほとんどなので、大きな機会の1つになると思います。地元業者での商品開発が進めば、自分たちはそれを買ってくださるお客様を増やすことに全力で取り組みたい」。

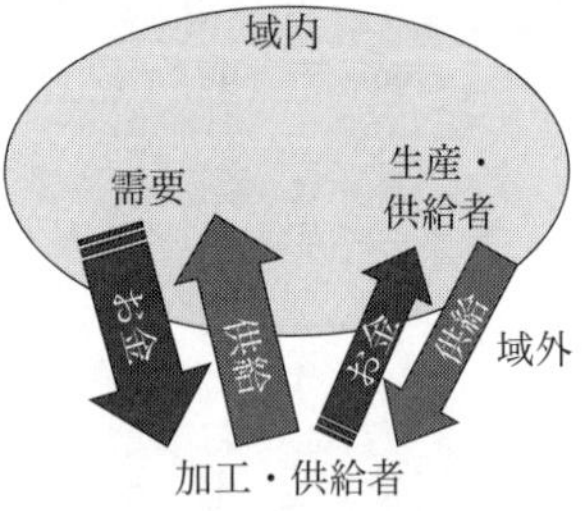

図 13

すでに存在している生産者と消費者をつなぐ

図13のように、域内の需要を域外からの供給で満たしている状況があるとしたら、その背景は大きく2つあります。1つは、域内に生産者がいない場合、もう1つは、実は域内で生産されているのに、消費者とつながっていない場合です。

農作物などは、実は域内で生産されていることも多く、そういった場合は、「足元に存在している生産・供給者と需要・消費者をどうつなぐか」が鍵となります。

漁港のすぐそばにある、磯料理が自慢の海辺のホテルで、「実は、地元の漁協からは仕入れていない。遠くにある魚市場から買っている」と聞いたことがあります。海産物に限らず、あちこちでよく聞く話です。それまでのつながりもあるし、「これまでどおり」を続けるのがいちばんラクであり、新たに調整して仕入れ先を変更するのは大変だから、とも聞きます。

それでも、地域経済の漏れバケツの穴をふさぐことで、地域経済の循環を強めていくことは、まわり回って、自分たちにもプラスになるはずです。まずは、「地域で生産しているもの」を調べて、少しずつ切り替えていくことを考え、試してみることから始めることができるでしょう。

そして、「地域で生産しているもの」に切り替えつつ、「今は地域で生産していないものも生産してもらう」動きへとつなげていくことができます。こうした取り組みは、学校給食での地場農産物の供給を増やす事例からも、給食センターなど消費側と農家とが、「まず生産しているものを納品する」ことから始めて、「今は生産していないけれど、需要のある農作物の栽培も行う」ようになるといったように、域内に生産者をつくる動きにもつながっていることがわかります。生産者側にとっては、需要に応じて自分たちの品揃えを増やしていく商品開発でもあり、売上や利益のアップにもつながることでしょう。

この章では、「水がどんどん流れ出ている漏れ穴をふさぐ」取り組みとして、まず「地域の人が購入している食べ物」に注目しました。「どこでつくった食べ物を買うか」は、多くの人が、毎日の買い物を通して変えていけます。そして、食材以外でも、「地域の人が購入しているもの」のうち、域外からの購入が多いものに着目し、「地域で消費されているものを地域で供給する」という「地消地産」の考え方をベースに、さまざまな取り組みができます。

全国各地で行われている「地域材で家を建てよう」という取り組みも、その1つです。家を建てるときに、地元の木材を使うことで、食と同じように「身土不二」(その土地に生えている木が、その土地の人にいちばん合っている）を実現するとともに、地元の経済にも貢献できます。木材だけではなく、大工さんをはじめとする家づくりの職人さんや、職人さんたちを束ねる工務店の仕事も、地元の事業者に頼めれば、家を1軒建てるときの大きなお金の「地域循環率」が高まります。

地域材の需要が増えれば、それだけ地元の森林の手入れや植林が進み、森林所有者や林業者、森林組合も持続的に森林経営を続けることができます。それは、国土保全にもつながります。手入れのされていない森林は、保水力を失い、土砂崩れなどの問題を起こしやすくなるからです。

国土面積の70％近くが森林である日本では、持続的な森林経営が国家的な課題となっており、林野庁などでも地域材活用のためのさまざまな支援策や取り組みを行っています。地域材で家を建てることは、国土の保全にも地域経済の強化にもつながるのです。各地に「地域の木で家を建てる」会やネットワークがあり、地域材を重視する建築士や設計者も増えています。

海外では

日本の「地産地消」と似た海外の取り組みに、CSA（Community Supported Agriculture）＝「地

域が支える農業」があります。ＣＳＡは、１９８６年に米国マサチューセッツ州サウスエグルモントのインディアンライン・ファームで始まったと言われています（それより古く、ドイツやスイス、日本などでも行われていたとも言われています）。

ＣＳＡでは、農家が年間の運営予算を組み、組合員となった市民はあらかじめその予算のある一定の割合（シェア）を支払います。こうして、地域の人々が「前払い」することで、農家は安心して作付けができます。ＣＳＡ組合員は、シェア分として、定期的に農場から地元産の新鮮な農作物の入った箱や袋を受け取ります。天候に恵まれ、ある農作物が豊作の年は、その農作物がたくさん入っています。他方、天候不順や病気などで不作の年は、その作物はゼロです。こうして、組合員は、地域の農産物の状況を知り、農家とリスクを分かち合うしくみです。

現在では、米国中に何千ものＣＳＡがあり、他の国々にも広がっています。この「収穫のシェア（割り当て分）を前もって購入することで、消費者は生産者を支え、地元産の新鮮な生産物を受け取る」やり方は、まさに「地域経済の中で循環するお金を増やす」取り組みです。そして、この考え方は、もちろん農業以外にも用いることができます。

第6章　「最大の漏れ穴」をふさぐ

日本のどの地域経済も、同じ「最大の漏れ穴」を有しています。それは、エネルギー料金です。私たちの暮らしも産業も、つまり地域経済は、電気、ガス、ガソリン、重油、軽油、灯油といったエネルギーなしには機能しません。どの地域も、そのエネルギーの多くを海外から輸入する化石燃料に頼っていることが、「最大の漏れ穴」となっています。

表2は、東京農工大学の堀尾正靱名誉教授の調査結果で、日本の地域の一例として、徳島県にある人口約２５００人の佐那《さな》河内《ごうち》村が支払っているエネルギー料金を示しています。再生可能エネルギー以外で発電された電力、およびガス、ガソリン、灯油、軽油、重油は、ほぼすべて輸入エネルギーと言えるでしょう。つまり、この人口２５００人の村から、７億円以上のお金が、エネルギー代金として域外（国外）に流出しているのです。みなさんの地域では、エネルギー代金としてどのくらいのお金が流出しているのでしょうか？

表2　地域の対外エネルギー支払い（徳島県佐那河内村）

		消費量	単位	熱量GJ	構成比%	原油換算kl	対外支払い	構成比%
電力		10528	MWh	37901	21.7	992	2億2千万円	29
石油製品	LPガス	219	t	10986	6.3	288	7千万円	10
	ガソリン	1790	kl	61930	35.4	1621	2億6千万円	36
	灯油	560	kl	20543	11.8	538	5千万円	7
	軽油	668	kl	26512	14.6	668	8千万円	12
	重油	455	kl	17785	10.2	466	4千万円	5
合計			—	174657	100	4572	7億1千万円	

2011　村役場による全常会調査より

ちなみに、日本全体で見ると、２０１４年の数字で、エネルギー輸入額は約28兆円。日本の名目ＧＤＰの約６％に相当します。自給率の低いエネルギーと食料は、日本経済にとっての大きな「漏れ穴」なのです。

地域のエネルギー自給の「みなし」と「実質」

日本でも再生可能エネルギーの導入事例が増えてきましたが、日本全体のエネルギー自給率を大きく引きあげるにはまだ時間がかかるでしょう。しかし、地域に目を向ければ、すでに「自分たちが使っているエネルギーを上回る量のエネルギーを、自分たちの地域内で生み出している」、つまり「エネルギー自給率１００％以上」の自治体も増えています。千葉大学倉阪研究室と認定ＮＰＯ法人環境エネルギー政策研究所が２０１７年３月に発表した「永続地帯２０１６年度版報告書」によると、域内の民生・農林水産用エネルギー需要（地域的エネルギー需要）を上回る量の再生可能エネルギーを生み出している市区町村は、2014年度より増加して2015年度は71市町村あります。このような地域を「100％エネルギー永続地帯」と呼んでいます。ちなみに、そのうち39の市町村は、食料自給率も100％を超えている「永続地帯」です。

「再生可能エネルギー100％」地域と聞くと、早くからその名を知られているデンマークのサムソ島（人口約4200人）を思い浮かべる人もいるかもしれません。サムソ島は、1997年に「再生可能エネルギー・アイランド構想」に採択され、その補助金を元手に再生可能エネルギーを次々に導入していきました。2000年には、陸上風力発電機11基の稼働によって、まず再生可能エネルギーによる電力自給率100％を達成。2002年には10基の洋上ウインドファームが稼働し、その余剰電力を海底ケーブルで本土に送電することで、運輸部門や熱利用部門を含め、その他のすべてのエネルギー消費を相殺し、「再生可能エネルギーによるエネルギー自給率100％」を達成しています。

サムソ島の送電線は本土ともつながっているため、風況が良くないなどで島内の発電量が十分でない場合には、本土から電力を得ることができますが、全体としては本土に送電している電力量の方が圧倒的に多くなっています。島の電力は、風力発電によって100％まかなわれていることになります。多くの家庭が小規模風力発電機やソーラーパネルを設置したり、石油ストーブの代わりに、ペレット・ストーブ、太陽熱ヒーター、地中熱ヒートポンプなどの自然エネルギーを使っているそうです。島の地域熱供給は、麦わら、太陽熱、木質チップなどを利用し、自然エネルギー100%です。実質的に、「島内のエネルギー消費を、島が運営するエネルギー事業がまかなっている」のです。

それに対して、日本の自治体を対象とする「100%エネルギー永続地帯」は、「その区域で得られる再生可能エネルギーによって、その区域におけるエネルギー需要すべてをまかなうことができる区域」と定義されており、その区域が「実際に」自給自足していなくてもかまわないことになっています。つまり、その地域に再エネ発電設備がたくさんあり、その発電した電力はすべて地域外の電力会社に送電されていたとしても、その発電量が地域の電力消費量を超えていれば「100%エネルギー永続地帯」となります。実質的な「エネルギー自給・自立」ではなく、「みなし」です。

家庭用の太陽光発電も、多くの場合、同じしくみです。屋根上の太陽光パネルだけで常時すべての電力をまかなうことは難しく、夜間や曇りや雨の日のために蓄電池などを備えるにもかなりのコストがかかります。通常は、ある家の屋根で発電された太陽光による電力は、送電線で電力会社に送られ、その家庭で消費した電力量がそれよりも多ければ、その差を電力料金として支払い、消費電力が発電量よりも少なければ、その差を売電料金として受け取るしくみになっています。「永続地帯」の考え方も、これと同じように、発電量と消費量の差を「みなし」として考えるものです。

多くの再エネ設備を有している地域でも、サムソ島のように、実質的な「エネルギー自給・自立」となっているところはほとんどありません。その大きな理由は、家庭での太陽光発電と同じく、地域で自前の送配電網や蓄電設備を持つことはコスト的にも現実的ではないからです。ほとんどの場合、電力会社の送配電網を利用するしかないのです。

日本で唯一の例外は、鹿児島県にある屋久島です。1万3000人ほどが暮らす屋久島は、九州電力の管轄内にありますが、歴史的な経緯によって、屋久島電工という民間事業者が水力発電事業を行っています。また、送電と小売りを担当するグループがエリアごとに計4つあり、3つの配電組合と九州電力が独自の運営を行っています。

屋久島電工の水力発電は、島の人々が消費する電力をはるかに上回る量の発電を行っているため、屋久島は文字通り、「エネルギー自給自足の島」です(水量が足りないなどの事態のために、バックアップ用に火力発電設備もありますが、ほとんど使われていないそうです)。

「植民地型」からの脱却

たとえ、「みなし」であっても、地域のエネルギー自給への取り組みは、地域経済にとって大きな力になり得ます。諸外国に後れを取っていた日本でも、ようやく２０１２年７月に再生可能エネルギーの固定価格買取制度（ＦＩＴ）が導入され、各地で熱心な再エネ開発が始まりました。

２０１６年度の国内の全発電量（自家発電を含む）に占める再生可能エネルギー（大規模水力発電を含む）の割合は14・８％程度となっています。ＦＩＴ制度導入以前の２０１０年度と比較すると、再生可能エネルギー全体（大規模水力発電を除く）の設備容量は約３・８倍に増加しており、その中でも太陽光発電は約10倍と、突出して増えていることがわかります。２０１６年末にはドイツを抜いて世界第２位の太陽光発電の導入国となりました。

これまでは、「変動しがちな太陽光や風力による発電は大量には導入できない」といわれることも多かったのですが、現在では、気象情報に基づく発電・需要予測や精緻なシミュレーションなどによって、変動する再エネも大量に導入できるようになってきました。たとえば、２０１６年５月４日の再生可能エネルギー比率は、ピーク時（１時間値）には、四国電力では79％、九州電力は77%、北海道電力で71%近く、東北電力でも62%近くに達していました。

地球温暖化対策としても再エネの普及が強く求められており、政府のめざす2030年のエネルギー構成では、再エネは全体の22〜24%と位置づけられています。FIT制度は、20年間など一定期間にわたって発電コストよりも高く買い取ることを保証するしくみなので、確実な利益を求めての企業の参入も相次いでいます。こうして、地域の有する再生可能エネルギー資源(太陽光、風力、小水力、地熱、森林資源や家畜廃棄物等のバイオマスなど)が注目されるようになり、活用の取り組みがあちこちで見られるようになりました。

もっとも、再生可能エネルギーは地域にあるエネルギー源を活用するという意味では「地域資源の活用」ですが、もしその太陽光パネルや風力タービンなどが、東京など域外の資本を使って、域外の事業者によって建設されているとしたら、売電益のほとんどは域外に出て行ってしまい、地域に残るのは、太陽光パネルや風力タービンを設置した土地の地代だけ、となってしまいます。

FIT制度は、再エネを高い固定価格で買い取ることで再エネを推進する政策ですが、「発電コストよりも高く買い取ることによる差分」は、国民が広く負担するしくみになっています。発電容量の増加に伴って、国民負担も増加していきます。国民負担の増加を抑えるために、再エネを買い取る固定価格はどんどん引き下げられていきました。

　このようにあっという間に変わっていく状況に、「すばやく意思決定し、大きな資本を集めて投下できた」大企業は20年など長期にわたって高い価格での買取保証を得て大きな利益を確保した一方、「合意形成と資本集めにどうしても時間がかかる」地域主体の発電事業は窮地に陥りました。買取価格がみるみる下がって採算ラインを下回ったため、「地域の資本と地域資源を活用し、地域にお金が残る」はずだった「地域の、地域による、地域のための再生可能エネルギー」の実現ができなくなった地域も数多くあります。「地方創生」と言うのなら、大企業ではなく、こうした地域に力を与える再エネ支援の制度設計をすべきだったと思います。

　こうした理由により、日本に現在２１００機以上設置されている風力タービンのほとんどは、東京など外部の資本によるものとなっています。地元の資本が所有し、地元に売電利益をもたらすものは、ごくわずかな割合です。地域の風が地域に利益をもたらさない、「植民地型再エネ開発」と言われることすらあります。

　対照的なのが、デンマークです。デンマークでは２０１５年、年間発電量の48・８％を風力発電でまかなっています。風力タービン５４００機のうち、８割近くを個人または協同組合が所有しているそうです。これなら地域に吹く風が地域に利益をもたらしますね！　なぜデンマークではこのような望ましい状況を作り出すことができたのでしょうか？

デンマークではもともと、「風力エネルギーは地元住民固有の財産」とされていて、風力タービン所有に対する居住規定の施策を講じてきました。具体的には、再エネに投資する投資家は「自分が居住する市町村または隣接の市町村にしか投資できない」と法律で制限したのです。この法律自体は2000年4月に廃止されましたが、2008年に成立した「再生可能エネルギー促進法」では、地元住民に利益を還元し、その意見を反映するしくみとして、「洋上を含むすべての新設風力発電所に対して、設置区域の自治体の住民に20％以上の所有権を付与する」ことが新たに義務付けられています。このような「地域の風は地域のもの」という思想と、それを具現化する法律によって、8割近くを地域が所有するという状況になっているのです。

地域の人々が当事者となって進める自然エネルギーの取り組みは、「コミュニティ・パワー」と呼ばれています。世界風力エネルギー協会は、世界中でコミュニティ・パワーに取り組む人々と議論を重ね、「コミュニティ・パワーの三原則」を定義しています。

①地域の利害関係者がプロジェクトの大半もしくはすべてを所有している
②プロジェクトの意思決定はコミュニティに基礎をおく組織によって行われる
③社会的・経済的便益の多数もしくはすべては地域に分配される

この3つの原則のうち、少なくとも2つを満たすプロジェクトは「コミュニティ・パワー」として定義されます。

コミュニティ・パワーの実践は、国内外の各地で進んでいます。これは「地域主権」「地域住民主権」の取り組みの1つでもあり、地域経済にとっても重要な影響を持っています。たとえば、米国の「地域自立のための研究所」(Institute for Local Self-Reliance)が2014年9月に出した報告書「地元優先――地域によるエネルギー所有はなぜ重要か」によると、「再生可能エネルギー設備を地域住民が所有する度合が高い場合を、そうでない場合と比べた結果、地域社会にもたらされる雇用は2・8倍、経済的利益では3・4倍と、格段に大きくなる」となっています。

国全体の再エネ量や再エネ比率を考えるのであれば、再エネによる発電量だけを増やせばよいので、どこの資本が入っていても、どこの資材を使っていても、地域に残るお金がどのくらいであっても関係ないのですが、地域経済にとっては、「地域の、地域による、地域のための再エネ開発」が非常に重要です。日本の「地域のエネルギー資源を、地域のために活用する再エネ事業」の取り組みをいくつか紹介しましょう。

小水力発電から生まれる大きな価値

岐阜県郡上市の、福井県にほど近い場所にある石徹白《いとしろ》地区。縄文時代から人が住み、昭和30年代までは人口１２００人ほどの集落でしたが、その後50年間に5分の1に減り、現在１００世帯２５０人ほどが暮らしています。

標高７００メートルに位置し、夏は涼しいものの、冬は数メートルの雪が積もり、厳しい暮らしです。だからこそ、みんなで手をさしのべあい、力をあわせて暮らしと集落を支えてきました。白山信仰の里でもあり、平安時代から鎌倉時代にかけての、白山信仰が盛んだった時代には、「上り千人、下り千人、泊り千人」と言われるほど各地から参詣客や修験者が集まったと言います。昔から、外に開けた集落であったためでしょうか、互いに干渉することもなく、見知らぬ人も温かく迎え入れる雰囲気があって、移住者はとても暮らしやすいと言います。

かつては、集落に川の水が流れていなかったため、焼き畑でヒエやアワを栽培していましたが、明治時代に集落の人たちが手掘りで川から3キロメートルの水路を引き、田んぼができるようになりました。春の田んぼ作業を始める前と秋の稲刈り後に、井普請といって、集落総出で農業用水の掃除をし、自分たちで水路を維持管理してきました。大正時代から昭和30年代まで、集落には電気利用組合があり、谷からの水路で引いた水で水車を回して、昼間は製材所の動力源とし、夜は集落の電気を発電していました。夜、電球が暗くなってくると、誰かが水車のゴミを取りに行き、するとまた明るくなったそうです。このように、自分たちで水路を作り、維持管理し、田んぼの水も電気も自分たちでまかなっていたのです。

２００７年、岐阜出身の20代の若者たちが作ったまちづくりのＮＰＯが、「かつては地域で完結していたお金の流れが、外からモノを買うようになって、外に出ていくようになっている。その大きなものがエネルギー。農山村の価値を取り戻すとともに、グローバルな環境・エネルギー問題に資することができないか」と、郡上市の上流の集落をあちこち回って、小水力発電をやらないかと呼びかけました。意気投合したのがこの石徹白でした。集落の人々は、エネルギーに関心があったというより、「このままでは集落がなくなってしまう」という危機感があったと言います。

２００７年夏に、石徹白に3つの小さな水力発電用の水車が設置されました。しかし、ほとんど使えないものだったため、実用的なものを求めてアドバイスを得にいったり、研究をしたりしました。その成果として、２００９年6月には、田んぼの脇を流れる水路の1つに流れ込み式のらせん水車が設置され、1軒分の電気の発電を始めました。発電した電力は、道をはさんで向こうに建つＮＰＯ「やすらぎの里いとしろ」の事務所兼住居に送られます。落差たった

50センチメートルでこれだけの発電ができるのです。

2011年6月には、電気代がかさむこともあって休眠状態だった食品加工場横に、3メートルの落差を利用し、2・2キロワットの発電をする水車が設置されました。1年の半分ほどの期間、4人が働ける場が生まれ、地元の名産である甘いトウモロコシを使った食品などの加工を行っています。

こういった地元の食材を使って、地元の女性たちがカフェの運営を始めました。週末だけの営業ですが、最近は、小水力発電の見学者も増え、お昼を食べるところがないので、予約制で平日でのランチを提供しています。春だと、予約が入るとみんなで山に山菜を取りに行くそうです！「エネルギーだけだと地域の共感は得にくいけれど、みんなの関心ややりたいことにつながれば、理解や協力が大きくなるのです」と、2007年から石徹白に関わり、2011年に住民となって、地域の取り組みの原動力となっている平野彰秀さんが教えてくれました。

うれしいことに移住者も増えているそうです。2017年現在、集落に暮らす100世帯250人のうち、1割強の12世帯32人がこの10年間のU・Iターン者となっています。最近は、毎年2〜3人ずつ子どもが生まれる「ベビーラッシュです」とのこと。

石徹白には現在、このような独立型（売電用でなく、自家消費用）の小水力発電設備が2つあります。いずれも、工事は地元の土建業者にやってもらい、電気制御に関しても地元の詳しい人が手作りで制御盤をつくってくれました。「地元でできることは地元で」が合い言葉です。そうしておけば、壊れても自分たちで直すことができますから。

なお、この2つの発電設備は、平野さんの所属するNPO法人地域再生機構が所有し、地元のNPO法人やすらぎの里いとしろが管理を請け負う形で役割分担をしています。

岐阜県は「清流の国」と謳っているだけあって、水に恵まれた県です。「この石徹白の農業用水を使って小水力発電をしたい」と県庁が言ってきたそうです。地元では、元々発電にそれほど熱心ではなかったのですが、話を聞いてみると、「国・県・市が100％出資するので、売電益は100％行政に入る」とのこと。明治以来、地元で管理してきた水路を使って発電しても、地元のプラスにならないならやめてしまえ、という議論も出たようですが、最後には、「地元もリスクを負い、出資することで、利益の還元も得よう」という話になりました。

そこで、農業用水から分水して、2つの水路をつくって、2カ所で小水力発電をすることになりました。1つは県が主体で80軒分の電力を発電するもので、2015年6月1日から発電を開始しました。

そしてもう1つは、石徹白の地域の小水力発電です。建設費用は2億4000万円、補助金などを差し引くと地元の負担は6000万円です。この費用をどうしたらよいか？自治会長などをはじめ、17人が発起人となって半年間話し合いを重ね、地域の住民から出資を募ることにしました。「用水も、その時代の人々が子孫のためと創ってくれた。今自分たちで発電所をやることも子孫のためなのだ」と100世帯に説明をした結果、ほぼ全世帯が出資をし、負担金を集めることができました。その受け皿として、2014年4月には農業用水農業協同組合を設立しました。

発電設備は2016年6月に操業を開始しました。年間2000万円ほどの売電益が出る見込みですが、出資者への配当に充当するのではなく、農業研修や食品加工場の支援、新商品の開発など、地域の農業振興に使うことになっています。

平野さんはこう言います。「らせん水車などの小規模な発電設備は、その場で電気をつくってその場で使うという自立型として頼りになるし、見えるという点で環境学習にも向いています。でも、お金の循環を地域に取り戻すという点から言えば、もっと大きな規模で発電し、売電して地域に還元したい。そういう思いで、今回の発電設備は売電用、事業型です。でも、この事業型があるために、水路のゴミ取りなどの維持管理のお金もまかなえる。そうすることで、水流が安定し、農業にもプラスになる上、独立型の小水力発電にもプラスになる。石徹白は水に恵まれ、また高低差が大きな地域なので、独立型の小水力発電はあちこちでできると思います」。

地域の人々がお金を出し合い、地域でずっと維持管理してきた水路の水を使って小水力発電をし、その利益を地域の農業振興に使っていくという、素晴らしい好循環の事例です。

地域の再エネで「子どもたちが帰ってこられる」集落づくり

九州・熊本空港から車で1時間ほどの山の中に、山都《やまと》町水増《みずまさり》集落があります。平安時代から800年を超える歴史のある集落ですが、ご多分に漏れず、高齢化と少子化が進んでいます。いえ、この20年は「少子化」ではありません。「ゼロ子化」です。20年以上もの間、この集落では1人の子どもも生まれていないのです。

現在、集落には10世帯、18人が暮らしており、平均年齢は73歳。お米や野菜は、ほぼ自給自足しており、水も自分たちで山からの水を引いて管理しています。とっても元気で明るくて笑い声が絶えない集落です。

この水増集落では、東日本大震災後、自然エネルギーが必要だと思うようになったこと、毎年総出で野焼きして維持していた山の斜面にある村の共有地の維持がだんだん大変になってきたことから、この共有地を太陽光発電用に貸し出すことにしました。熊本県のマッチング事業を通じて手を挙げた十数社の民間企業の中から、「地代のほかに、売電収入の5％を村のために拠出するから、子どもや孫たちが帰ってこられる村づくりをしよう」という提案をした熊本県内のベンチャー企業のテイクエナジーコーポレーションと組むことに決めました。

山の急斜面に太陽光パネルを設置する工事は2013年9月に着工、2014年5月に完成。発電を開始してからは、テイクエナジー社は年間約500万円の借地料に加え、売電収入の約5％にあたる約500万円を毎年地域に還元し、「子どもたちが帰ってこられる村づくり」を支援しています。

特に、「八天狗」という、農水省のデータベースにも記載されていない、日本古来の「幻の」在来種の大豆の作付け・収穫に力を入れています。そして、テイクエナジー社がその大豆を使った商品開発やマーケティングのお手伝いをしています。渋谷のヒカリエにあるd47食堂で、八天狗でつくった納豆や地元の食材を用いた「熊本県水増集落 八天狗定食」を提供したり、国連大学前のファーマーズマーケットで、集落の農家の話を聞きながら八天狗の枝豆を楽しむセミナーを開催するなど、首都圏へのアピールも進めています。

集落ではほかにも、地代以外に入ってくる「村づくりの資金」をもとに、地鶏を飼ったり、ブルーベリーを栽培したり、椎茸の原木を設置したり、いろいろな取り組みを進めています。「農園カフェを開いて、熊本市内など県内の人にも来てもらいたいし、地元の農産物も販売できたら」といろいろな計画や夢が広がっています。私自身も大学生と一緒にゼミ合宿をしに訪れたり、東京でのマーケティングのお手伝いをさせてもらっています。打ち合わせの会合では、「あと20年は元気に生きていかなくちゃね！」と笑い声が上がり、みなさんの目がきらきらと輝いています。

集落の再エネ資源を再エネ電力に換え、その収益を特徴ある農業の実践や都市との関係づくりに活用して、集落の活性化につなげている好事例の1つです。

条例で進める地域の再エネ

2011年3月以降、再生可能エネルギー推進に関する基本的な条例を施行する地方自治体が増えています。主な内容は再生可能エネルギーに関する普及啓発や地域での民間事業の促進ですが、地域主体の取り組みをめざす画期的な事例もあります。

その1つ、滋賀県湖南市は2012年9月、「湖南市地域自然エネルギー基本条例」を施行しました。再生可能エネルギーを地域固有の資源と見なし、地域主導の考え方を全国で初めて導入し、地域が主体となった取り組みの推進により地域の発展をめざそうというものです。その後、同様の条例を定める自治体が増えていきました。

2013年4月に長野県飯田市で施行された「飯田市再生可能エネルギーの導入による持続可能な地域づくりに関する条例」では、「地域のための再エネ」をその中核に据えています。同市のウェブサイトより概要の一部を紹介しましょう。

> 飯田市は、地元の自然資源を使って発電し、その売電収益を、住みやすい地域づくりのために充てていく活動を支援する条例を、平成25年4月1日に施行いたしました。
>
> この条例は、まちづくり委員会や地縁団体等が地元の自然資源を使って発電事業を行い、売電収益を、主には地域が抱える課題に使っていっていただくことで、市民が主体となって住みよく便利な地域づくりを進めて頂く事業を、飯田市との協働事業に認定し、支援をしていく条例です。
>
> また、地域によっては、地域住民の団体が自ら事業を行うことが困難なこともあります。そこで、そうした住民団体が、他の公共的な団体や、市民益に配慮して公共活動を行う企業と協力して発電事業や再投資を行う事業も、同様に支援いたします。（中略）

条例によるご支援の主な内容

住民団体にお作り頂いた発電事業の計画に対し、様々な分野の専門家が構成する飯田市の審査会から、安定的な運営のために必要な助言と提案を無料で受けられます。

事業の公共性と経営安定性を飯田市が公的に認証し、公表することで、事業に信用力を生じさせ、事業の立上げ資金を充分に持たない団体であっても、地域金融機関等からの資金の貸付けや、市民ファンドからの資金の提供が受けやすくなることにつながります。

「飯田市再生可能エネルギー推進基金」を設置しました。この基金から、事業の建設工事の発注のために直接必要となる調査費用を、無利子で貸付けを受けることができます。

飯田市では「地域の、地域による、地域のための再生可能エネルギー」という考え方を明確に打ち出すだけではなく、助言や信用力、資金を提供するしくみを設けることで、強力に普及を推進しようとしていることがわかります。

環境エネルギー政策研究所の2014年の資料によると、全国で再生可能エネルギーに関する基本条例を定めている自治体は20を超えており、地球温暖化防止条例などで自然エネルギー推進を謳っているものも含めると、さらにその数は増えます。

環境エネルギー政策研究所の山下紀明さんは、「地域のための再エネ」を進めるためには「地域が事業に出資し意思決定することで利益の大半を得る「地域主導型」を拡大するとともに、「外部主導型」で行われようとする事業は、計画段階から地域が関わる「協働型」へ誘導することが重要だ」と述べています。

繰り返しになりますが、電気代、ガス代、灯油代、ガソリン代などのエネルギー代金は、日本のあらゆる地域にとっての最大級の「漏れ穴」です。エネルギーの域内自給自足を進めることで、この「漏れ穴」をふさいでいくことが肝要です。地域で考えるべきエネルギーを整理すると、①電力、②暖房や給湯といった熱利用のためのガスや灯油、③自動車の燃料としてのガソリン・軽油があります。

①の電力は、地域で再エネ発電した電力をその地域で使えればよいのですが、そのためには地域に自分たちの送配電網が必要となります(または電力会社の送配電網を地域で使えるようにしてもらう必要があります)。現在のところ、本当の意味での「電力の域内自給自足」は先ほど紹介

した屋久島でしか実現していません。他の地域は、地域の再エネ資源で発電した電力をいったん電力会社に売電し、自分たちが必要な電力は電力会社から購入しています。売電量が買電量よりも大であれば、「電力は自給自足している」とみなされます。

また、電力会社に売電するための再エネ発電事業でも、できるだけ、その資金が地元に入り、残るように考えて進める必要があります。施工業者などは地元の事業者を使ってもらう、地元からできるだけ資材を調達してもらう、地元の人々が出資できるようにするなど、いろいろな角度から「地域内乗数効果」を上げる方法が考えられます。

②の暖房や給湯のための熱は、地域にあるバイオマス資源を活用することで、域内での自給自足に近づけていくことができます。この観点から「漏れ穴」をふさぐべく取り組んでいる北海道の下川町の事例をのちに紹介しましょう。

③が最後まで残る難問だと言われています。地域単体で取り組むことは難しいですが、地域の再エネ資源で発電した電気を用いる電気自動車などの可能性があるでしょう。

地域経済にとって、「投資」も大きな鍵を握っています。ループ図を使って漏れバケツモデルの説明をしたとき、「域内投資」「域外投資」を区別しました。地域の人の資金が地域内に投資されるのか、それとも、地域外へ投資されて、その資金は域外に出て行ってしまうのか――それは地域経済にとって大きな違いを生み出すのですが、通常、そこまで考えていない人がほとんどではないでしょうか。

私たちが銀行や郵便局に預けたお金は、中央に集められ、投資の資金となります。預金者の住んでいる地域に直接投資されることはほとんどないでしょう。海外への投資として国から出て行くお金も多くあります。もちろん他国や他の地域で投資を必要としているところで役に立っているでしょうし、預金は投資というよりも利子を稼ぐという意識で行われていることも多いので、「利子さえ得られればそれで良い」と考える人もたくさんいるようです。

でも、そのお金を地元の経済に投資すれば、大銀行に預金するのと同じかそれ以上の利子やリターンを得ながら、自分の地域の経済を元気づける一助となることも可能です。このように、「地元の農作物を地元で食べよう」という地産地消と同じような考えで、「地元に投資をしよう！」という取り組みを「ローカル・インベストメント」と呼びます。

ローカル・インベストメントは、地域住民による地元企業への投資によって、地域の暮らしを豊かにしよう、という取り組みです。地域の住民が地元の小規模ビジネスに投資することで、利益を上げると同時に、自分たちの生活に必要な店舗や企業を支援するという、市民の手による新しい資本主義の形でもあります。

域外や海外で事業をしている企業の株式や社債を買ったり、域外に投融資をする銀行や郵便局に預金したりするのとは違って、投資したお金は地元経済にとどまります。投資の資金を地域から流出させない、地域経済の「漏れ穴」をふさぐ取り組みでもあります。

ローカル・インベストメントのやり方

ローカル・インベストメントはお金を扱うため、金融当局の規制等で、国や地域によって可能な形態が異なる部分があります。また、近年、技術の発展によって、クラウド・ファイナンスやピア・ツー・ピア融資といった新しい形態のローカル・インベストメントの可能性も拓かれつつあります。日本での、「地域の、地域による、地域のための投資」につながる方法をいくつか紹介しましょう。

地元の地方銀行や信用組合・信用金庫に預金する

地元の企業への融資や支援を手厚く行っている地元の銀行や信用組合・信用金庫に預金をすることは、ローカル・インベストメントの1つとなります。「この事業・企業を応援したい」と、投融資先を選ぶことはできませんが、自分のお金を地元の小規模事業や企業への投融資に役立てることができます。

全国信用金庫協会では、信用金庫と銀行の違いをこのように説明しています。

> 金融サービスは同じでも、経営理念の違いで組織のあり方がそれぞれ異なります。
> 銀行は、株式会社であり、株主の利益が優先され、主な取引先は大企業です。
> 信用金庫は、地域の方々が利用者・会員となって互いに地域の繁栄を図る相互扶助を

目的とした協同組織の金融機関で、主な取引先は中小企業や個人です。利益第一主義ではなく、会員すなわち地域社会の利益が優先されます。さらに、営業地域は一定の地域に限定されており、お預かりした資金はその地域の発展に生かされている点も銀行と大きく異なります。

日本銀行「貸出先別貸出金」(2010年3月末)より信金中央金庫が作成したデータによると、貸出金に占める中小企業等向け貸出の割合は、都市銀行が42・72%、地方銀行は44・12%であるのに対し、信用金庫は65・61%(そして28・65%が個人)と、地元の中小企業および個人に主に資金を貸し出していることがわかります。

信用金庫では、「地域の活性化は、信用金庫の社会的使命である」として、地域経済や社会・生活基盤の活性化への取り組みに注力しています。資金の貸出だけではなく、創業支援セミナーや起業家教育の場等の提供、ビジネスマッチング等による新たな販路の獲得、地元経営者のネットワークの強化など、地域経済の活性化に力を入れています。このように地元の経済、特に「地域経済の生態系」をかたちづくる、数多くの多彩な小規模事業者を支援する信用金庫・信用組合などを預金先に選ぶことは、ローカル・インベストメントの1つのやり方です。

他方、近年、都市銀行や信用金庫、信用組合の預貸率の低下が問題視されています。「預貸率」とは、預金残高に対する貸出残高の比率です。預貸率が低いということは、集めた預金をあまり貸し出していないということです。そうすると、せっかく地元の信用組合などに預金をしても、そのお金が地域経済を循環して、地域に貢献する割合は小さくなってしまいます。地元の金融機関に、預貸率や貸出先の「地元率」などを聞くなどして、「地元経済に役立つ預金をしたい」という意思を伝えることも、ローカル・インベストメントの大事な取り組みです。

市民バンク、クラウド・ファンディング、ソーシャル・レンディングで地元に投資する

地元の信用金庫への預金を通じて、間接的に地元経済に投資をするのもよいけど、もっと直接的に、自分が応援したい地元の事業やプロジェクトを自分で選び、投資をしたいと考える人も多いことでしょう。

そのために、いくつかのアプローチがあります。

1つは、「コミュニティバンク」「市民銀行」「NPOバンク」などと呼ばれる市民主導の銀行です。これは、主に地域活性化を目的として運営されている市民主導型の金融のしくみです。地域での介護や福祉活動、自然環境の保全、再生可能エネルギーの普及、若者や女性の起業支

援、多重債務者やホームレスの人たちの再生支援といった公共性を伴う非営利事業は、経済的リターンよりも社会的リターンを求めて行われます。社会性は高くても、収益性はあまり大きくないこと、また、リスクが高い場合も少なくなく、通常の金融機関から融資を得るのは困難な事業も多々あります。

だったら、自分たちの力で、自分たちの意志で、必要なお金を集め、必要なところに回そう――こういった「市民の、市民による、市民のための金融」の取り組みが世界各地に広がっています。2006年のノーベル平和賞を受賞したムハマド・ユヌスさんが主宰するグラミン銀行も、その1つです。グラミン銀行は、バングラデシュで主に女性に対してマイクロ・ファイナンス(少額無担保融資)を展開しています。

日本の市民バンクなどの多くは、主に一口数万円単位の出資を募り、それを原資にNPOや個人に低利で融資し、市民活動や地域での取り組みの資金として活用できるようにしています。全国NPOバンク連絡会によると、2015年3月31日現在、日本にはこういった市民主導型の金融の取り組みが14あり、合計すると、出資金は5億8023万5000円(非公開のところをのぞく)、融資累計は32億2507万8000円となっています。

市民バンクの中でも、特に「地元」を優先したり、地元に限定した活動を行っているところがあります。愛知県でさまざまな活動を展開している「コミュニティ・ユース・バンクmomo」は「お金の地産地消」を掲げて、地元から資金を集め、地元に投資をしています。ほかにも、「ピースバンクいしかわ」や、「もやいバンク福岡」など、地域に主眼を置いた活動を展開している市民バンクがあります。自分の地元にもないかな?と調べてみるとよいでしょう。地元になければ、自分たちで作る、というやり方もあります!

別の方法として、不特定多数の人がインターネットを通じて、他の人々や組織に資金を提供する「クラウド・ファンディング」もあります。通常は、インターネットの強みを活かして、地域に関わりなく、広く資金を集めることができるしくみですが、クラウド・ファンディングを行っている地元の企業や非営利組織、プロジェクトがあれば、ネットを使って簡単にローカル・インベストメントができます。

また、近年盛んになってきた融資のやり方の1つに、「ソーシャル・レンディング」「ピア・ツー・ピア融資」と呼ばれるものがあります。これは、ネット上で「お金を借りたい人・企業」と「お金を貸したい人・企業」を結びつける融資仲介サービスで、これまでのように、銀行など金融機関を間に挟むことなく、直接ネット上で個人間の小口融資が行われます。その多くは、従来型の融資と同じく、利益を得るための金利を設定して行われていますが、なかにはゼロ金利を設定して、融資によって事業を応援するやり方もあります。地元の事業者に対して、このようなゼロ金利のソーシャル・レンディングを行うことも、ローカル・インベストメントの1つとなります。

「地元の投資が必要な事業」と「地元に投資したい人」を結びつける

地元によい事業があれば投資をしたいと考えている人がいても、地元で展開している、または展開したいと思っている事業についての情報がなければ、その思いを活かすことはできません。「投資をしたい人」と「投資が必要な事業」を結びつける取り組みが大きな鍵を握っているのです。

米国にはLION(Local Investing Opportunities Network)と呼ばれる、「地域への投資に関心を持つ人たちのためのネットワーク」があります。全米各地にあるこのネットワークは、それぞれ定期会合やメールなどで地元の投資情報を交換しており、地域のビジネスに投資をしたい人々と、投資を集めたいビジネスが出会う場になっています。LIONは情報交換の場を提供するだけで、参加しているメンバーが各自の投資先を決めます。

スロー・マネー運動

もう1つのネットワーク型の取り組みの代表例が、米国で始まった「スロー・マネー運動」です。「スロー・マネー」とは、秒単位の機械的な株取引や投機を駆け巡るファースト・マネーではなく、ゆっくりと地元を潤すお金を大事にしたいとの思いから名付けられた名前です。日本ではまだあまり知られていませんが、このスロー・マネー運動は、起業や小規模ビジネス経営などについてのニュースを配信している米国の雑誌アントレプレナー誌の２０１１年の記事で、「クラウド・ファンディングなどと並んで、金融分野で5本の指に入る流行」とされるほど、大きな流れになっています。

スロー・マネー運動は、２００８年に地元の小規模な食料業者への投資を呼びかける運動として始まりました。スロー・マネー運動のウェブサイトには、「国の政治・金融システムの機能不全を減らすことが重要だと、皆わかっていますが、それと同じほど(おそらくそれ以上に)重要なのは、自分たちの地域社会で、皆が創り出したい将来に対して投資をすることです。健全な地元の食料システムが出発点です」と謳われています。

スロー・マネー運動では現在、全米で17の地域ネットワークと11の投資クラブが、お金をゆっくりと地域に行き渡らせようという取り組みを進めています。地域ネットワークは情報共有や、投資家と資金を必要としている事業者が出会える場を設けるなどの活動をしています。投資クラブは、メンバーが資金を持ち寄って出資金をつくり、定期的に会合を開いて勉強しながら、自分たちで投資先や投資条件を決めて投資をします。

通常の投資クラブは全米に約4万8000あり、約70万人が活動しているといわれています。通常の投資クラブは、リターンを重視して投資をしますが、スロー・マネーの投資クラブは、地元の農家など食材・食品事業者を投資先に選び、投資クラブのしくみを活用して、マイクロ投資やマイクロ融資を行います。ゼロ金利で融資しているところもあります。

スロー・マネー運動のウェブサイトから、地域の活動の一部を紹介しましょう。メイン州では、スロー・マネー・ネットワークのメンバーが80を超える小規模食品・食材業者に対し1300万ドルを投資しています。また、2つの投資クラブも発足しました。そのうちの1つは合計10万5000ドルを23のマイクロ融資に、もう1つは6つの融資案件に総額8万7000ドルを提供しています。カリフォルニア州では、スロー・マネー運動のメンバーとイベントの参加者が200万ドルを超える投資を行っています。ノースカロライナ州では、500ドルから3万ドルの200件以上の投融資によって300万ドル以上を98の小規模食品・食材事業者に提供しています。小規模農家、地元の食品協同組合、地ビール醸造所、オーガニックコットンで衣服を作っている事業者などです。

スロー・マネー運動は、このような地域ごとの取り組みを基盤に展開されています。各地で開かれる投資集めのイベントのほか、２００９年以来、1〜2年に1度の頻度で全国集会も開催されています。このような活動を通して、２０１０年からこれまでの間に、農場やレストラン、オーガニックフードの配達サービスなど、投資者の近隣で活動している６３２の小規模な食料関連の事業者に対し、５７００万ドルが投資されています。このスロー・マネー運動は、米国だけでなく、フランス、スイス、ベルギー、カナダなどにも広がっています。

住民出資による合同会社で合併から再生

「地域の、地域による、地域のための投資」は、投資が域外に漏れ出ずに、地域内の事業者を支えることに使われ、地域経済に資するという役割を果たすことができますが、それだけではありません。地域になくてはならないものを地域の人々が創り出し、維持できるようにするという大きな役割も果たすことができます。

過疎化の進む日本の各地で、ガソリンスタンドが廃業・撤退してしまい、住民が困っているという話を聞きます。近くの食料品店が閉店し、ふだんの食べ物を買うのにも遠くの町まで行かなくてはならなくて大変だという話も聞きます。

　食料品店でもガソリンスタンドでも、ある地理的な範囲(商圏)に事業が持続できる程度の顧客がいないことには事業を続けていくことはできません。人口減少に伴って、店に来られる範囲内の顧客が減っていくと、どこかで採算がとれなくなり、廃業または移転してしまいます。するど、地域の住民は「いままで域内で購入」していたものを「域外から購入」せざるを得なくなります。地域経済というバケツに新たな「穴」が空いてしまうのです。こうなると、住んでいる人にとって不便で困るだけではなく、地域経済からお金はどんどん外に流出し、地域経済とそれが支える地域社会はさらに衰退していくことになります。今後人口がどんどん減少していく日本、特に地方では、「現在存在している地域の消費の場を守る」ことが非常に重要なのです。

　そういう状況に対して、「営利事業者が撤退しても、自分たちで買い物のできる場やガソリンを給油できる場を維持していく!」という住民主体の取り組みが生まれています。これは、地域住民の利便性と福利を守る取り組みであるとともに、地域経済をボロボロの漏れバケツにしない!という取り組みなのです。まずは、岡山県津山市「あば村」から紹介しましょう。

あば村宣言　宣言文

合併から10年、いま再び村がはじまる

岡山県阿波《あば》村は平成の大合併の流れの中、
平成17年に津山市と合併し１１５年続いた『村』はなくなりました。

それから10年。

合併当時７００人だった人口は５７０人にまで減り、
１４０年の歴史のある小学校は閉校、幼稚園は休園、
唯一のガソリンスタンドも撤退、行政支所も規模縮小…。
まさに『逆境のデパート』状態となってしまいました。

しかし、このような逆境の中でも未来を切り拓く挑戦が始まっています。

地域住民が設立したＮＰＯは、住民同士の暮らしの支えあいや環境に配慮した自然農法のお米や野菜づくりに挑戦しています。
閉鎖されたガソリンスタンドは住民出資による合同会社を立ち上げ復活させます。
エネルギーの地産地消を目指し、地元間伐材を燃料にした温泉薪ボイラーの本格稼動も始まりました。
こうした取り組みの中で地域住民に留まらず、地域外からも協力者や移住してくる若者も増え始め、私たちは自らの手で新しい村をつくることを決意したのです。

この度、私たちはここに「あば村」を宣言いたします。

自治体としての村はなくなったけれど、新しい自治のかたちとして、心のふるさととして「あば村」はあり続けます。

周りは山だらけ、入り口は一つしかない「あば村」は不便で何もない場所かもしれません。

しかし、「あば村」には人間らしく生きるための大切なものがたくさんあります。このあば村の自然と活きづく暮らしを多くの方々と共有し、守り続けていくこと、そして子どもたち孫たちにこの村での暮らしや風景を受け継いでいくことを決意し、宣言いたします。

合併から10年、あらたな村の始まりです。

２０１５年２月

あば村運営協議会　会長　小椋　懋

あば村宣言に書かれているように、合併後の阿波地区は人口が減り、学校も廃校になりました。そしてある日、地区に唯一あったＪＡのガソリンスタンドも、２０１３年の春に「撤退する」という知らせが入ったのです。津山市の中心地から離れている阿波地区にとって、自動車は住民の足であり、冬場には暖房のための灯油も必要です。ガソリンスタンドは、地区での生活に欠かせないものなのです。聞き取りを実施したところ、ガソリンスタンドの存続を希望した住民は、７割にも及びました。

そして、どのような形でガソリンスタンドを運営させるかを協議して出した結論が、「住民が社員(会社法では社員とは出資者のことを指します)となって会社を設立する」というユニークな方法でした。この方法を選んだのは、「自分たちの手で存続させていく」という意識を忘れないためです。

そして、2014年2月6日、阿波地区に住む住民134人が「社員」(出資者)となった「合同会社あば村」(以下「あば村」と記します)が設立されました。2015年1月現在、社員数は170個人・団体。岡山県北部では大きな企業の1つに数えられます。

「合同会社」という法人形態について、簡単に説明しておきましょう。合同会社とは、出資額を限度とする間接有限責任を負う社員(出資者)だけで構成される会社のことです。株式会社と似ていますが、株式会社では代表取締役などが業務執行・代表機関となるのに対して、合同会社では出資者全員が代表です(ただし業務執行社員を決めることができます)。また、株式会社では出資の割合に基づいて行われる利益の配分も、合同会社では任意で決めることができます。株式会社に比べて、合同会社は組合的な要素を持っているといえるでしょう。

あば村は、ガソリンスタンドの経営に加えて、2014年9月にはスーパーの商品を戸別配達するサービスを開始しました。独居や2人暮らしの高齢者宅に商品パンフレットを配っておき、電話などで注文を取りまとめて発注します。そして、あば村の事務所に送られてくる商品を、スタッフが手分けして届けるしくみです。価格は店頭と同じですが、代金の1〜2割を手数料として別に受け取ります。サービス開始後、売上は増えつつあります。

あば村では、地域の間伐材や未利用材をチップ化し、あば温泉の燃料として使う「木の駅プロジェクト」の運営も行っています。阿波地区は、地域の94%を山林が占めているのですが、木材価格の下落もあって、間伐材が放置されたり、間伐そのものが行われなかったりするなど、山が荒廃していました。そこで、間伐材を破砕処理して、地元で消費する取り組みが始められたのです。現在は、地区外にも集荷地を拡大し、一般家庭向けの薪に加工して販売することも計画中です。

各地に広がる住民出資の取り組み

自分たちに必要なお店は自分たちで何とかしていこう！という住民出資の取り組みは、阿波地区だけではなく、あちこちに広がっています。いくつか紹介しましょう。

宮城県丸森町大張地区は、町の中心地より約10キロメートル離れた山間地に位置し、800人あまりが暮らしています。この地域では、2002年に最後の小売店が閉店してしまい、日用品を入手することもままならなくなりました。

そこで、地元の有志が立ち上がり、地域住民のバックアップを受けて、共同出資による共同店舗を開店しました。それが「大張物産センターなんでもや」です。現在までに、地元の出資者(20名)と協力金出資者(200世帯)をあわせて約240万円の共同出資を受けています。

なんでもやは、その名の通り、日用雑貨品をはじめ、地区の野菜・弁当・総菜・農機具など何でも扱っており、「買い物難民」になってしまっている高齢者宅への移動販売も行うなど、地域の人々の役に立つ店になっています。

長野県高山村中山地域の「ふるさとセンター山田」は、2007年9月に営業を始めた食料や日用品を販売するお店です。約400世帯が暮らす中山地域には、かつて3店の小売店がありましたが、今では、地域の人々が地域で買い物できる唯一の場所がこの「ふるさとセンター山田」です。センターが誕生したきっかけは、それまで日々の買い物をする場だったJA須高山田支所の廃止の決定でした。その際、住民にアンケートをとったところ「店を残して欲しい」という意思が確認されました。株式会社をつくるべく、2007年6月に株主を1株3万円で募集したところ、現在までに150人の住民が出資しています。774万円の資本金を得て、同年7月に株式会社「ふるさとセンター山田」が誕生、9月には店舗の営業を始めました。

お店には一休みできるスペースもあり、地域のお年寄りの憩いの場にもなっています。

2016年4月からは、「Yショップ　ふるさとセンター山田」として営業しています。Yショップとは、山崎製パン株式会社の地域密着型を特徴とした店舗です。コンビニ風のYショップになったことで、子ども連れなど、若いお客さんが増えています。もちろん、一休みできるスペースも「サロン」スペースとして残り、昔からのお客さんも変わらず来てくれています。電話での取材に応えてくれた社長の渋谷久太郎さんは、「開業当時の合い言葉だった「孫や子どもにアイスクリームを買えるお店を残そう」という考え方は今でも生きています」とおっしゃっていました。

この他にも、「地元住民の出資でお店を守る」取り組みは、三重県松阪市の「コミュニティーうきさとみんなの店」、高知県四万十市の「大宮産業」、広島県安芸高田市の「万屋」「油屋」など、日本各地で行われています。

今後の重要性

これらの取り組みの多くは、JAの支所・出張所の撤退をきっかけに始まっています。これまでの日本の農村・中山間地域では、JAが暮らしと地域経済を支える社会インフラを提供していたことがわかります。一方、全国にあるＪＡの数自体、１９６０年には1万２０００を超えていましたが、その後合併が進み、１９８０年には約４５００となり、近年合併が加速して、２０１６年には６５３となっています。

これまで多くの過疎地において、通常の店舗は経済的に出店しにくい地域でも、住民が日用品やガソリン等を買えるのがＪＡの支所・出張所・給油所でした。ＪＡ自体が抜本的な農協改革から、解体の危機に瀕していると言われる状況の中、ＪＡの支所・出張所・給油所も、今後もさらに統廃合されていく可能性が高いでしょう。地域の人が、暮らしと地域経済に必要なものを、地域で買い続けられるようにする――地域住民が主体となる取り組みは、ますます重要になっていくと考えられます。

ただし、こうしてできたお店も、地域の高齢化と人口減少が進むと、維持し続けることがだんだんと難しくなっていきます。今回電話取材に応じてくれたお店にも、「年々高齢化が進み、経営が大変になっている」と教えてくれたところがいくつかありました。店舗運営に加えて、地域の他の事業や産業と手を組み、地域に「経済の生態系」をつくっていくことが、持続可能な運営の鍵になりそうです。

第8章　地域経済を考え直す——水俣市と下川町はいま

ここまで、地域経済の「バケツ」の漏れ具合を調べる方法、漏れをふさぐさまざまな考え方や取り組みについて解説してきました。

漏れバケツを調べる方法として、産業連関表を用いる方法、地域経済分析システム（RESAS）を用いる方法、英国トットネスで行った「地元経済の青写真」調査、LM3という地域内乗数効果を見る方法、そして、より手軽な方法として、買い物調査や調達調査などを紹介しました。また、漏れをふさぐ取り組みとして、食べ物など「常時漏れているものへの対処」や「地域のための再エネ」「ローカル・インベストメント」などの切り口を取り上げました。

書籍の構成上、章を分けて説明してきましたが、実際には、これらを有機的につなげて、総合的に実行していく必要があります。それができてはじめて、地域経済の現状と課題を把握し、その活力を高めるための取り組みを計画・実行し、しなやかに強い地域にしていくことができるのです。

日本の地域には、このプロセスを部分的に行っているところは多くありますが、全体的な枠組みを設定して、体系的に進めているところはそれほど多くありません。熱心だった首長が変わったり、取り組みを立ち上げた自治体行政の担当者が異動になったりすると、そこでせっかくの取り組みが止まってしまうこともあり、とても残念に思います。

日本の中で、総合的な取り組みの事例として2つ、熊本県水俣市と北海道下川町の取り組みを紹介しましょう。

水俣――企業城下町の「もやい直し」

水俣は化学工業メーカーであるチッソと共に成長したまちです。チッソの前身である日本窒素肥料株式会社が水俣にできたのは明治41年(1908年)。水俣はチッソの発展と共に成長し、県内でも所得が高いまちとして人口も増加し、ピーク時は5万人を超えました。しかし昭和31年(1956年)に水俣病が公式確認された後、人口は徐々に減少し、経済の低迷が始まりました。現在の人口約2万5000人は、ピーク時のほぼ半分ほどです。水俣病は多くの患者・被害者を出しただけではなく、地域住民のコミュニティまで崩壊させてしまいました。

１９９０年、水俣湾に堆積した汚染土の浚渫・埋め立てが、工事費４８５億円、13年の歳月をかけて完了しました。その後水俣湾にはサンゴの生息が認められ、海のゆりかごと言われる藻場も甦り、たくさんの稚魚が育つようになりました。

このような環境再生の取り組みを背景に、水俣市は１９９２年、日本で初めて「環境モデル都市づくり宣言」をしました。産業公害の体験を人類への警鐘とし、水俣病のような不幸な公害を二度と繰り返さないことを願っての宣言です。

１９９４年から、水俣病によって失われた人と人との絆や、地域コミュニティの再構築を図るため「もやい直し」運動が進められました。水俣市は「環境」を軸としたまちづくりへ大きく舵を切り、水俣病という負の遺産をプラスへ価値転換すべく、市民協働で実践してきたゴミの高度分別やリサイクル、水俣オリジナルの家庭版・学校版等の環境ＩＳＯ、環境マイスター制度、地区環境協定制度、エコショップ制度など先進的取り組みが評価され、２００８年には「国の環境モデル都市」に認定されました。さらに２０１１年には、環境ＮＧＯが主催する日本の環境首都コンテストにおいて、日本で唯一「環境首都」の称号を獲得しています。

「環境首都」の経済再生のために

このように、環境再生とコミュニティの再構築への取り組みは進みましたが、一方で、地域全体を元気にするにはさらなるステップが必要でした。そこで、特に地域経済をいかに元気にするかを考えるために、２０１０年度、「みなまた環境まちづくり研究会」が発足しました。この研究会の報告書をベースに、２０１１年度には、みなまた環境まちづくり推進事業が行われました。これは、市民も参加した徹底した現状分析とそれに基づく戦略づくりを行うもので、その基礎調査として「地域経済循環分析」が行われました。この分析結果に基づき、２０１２年度から「環境首都水俣」創造事業が進められています。

この地域経済循環分析を担当した水俣市役所の松木幸蔵さんは、「なぜこの分析を行ったのですか？」という質問に対して、「水俣市の経済再生を考えるために知りたかったことがいくつかあったからです」と答えてくれました。

- 水俣市の経済は長年チッソ（現在はＪＮＣ。チッソが事業部門を移管した事業会社）が牽引してきたが、今もそうなのだろうか？
- 商店街の売上が減ってきているが、その原因は何なのか？
- 地元の金融機関は資金需要がないと言うが、それは本当なのか？

このような問いを発し、水俣市の経済の実態を明らかにするための分析をしようと考えたのです。水俣はチッソの企業城下町と言われてきました。そこで産業分類として、ＪＮＣグループを特別に切り出し、地域における位置づけを調査することにしました。

松木さんは「どこがどう悪いのか、水俣のまちの経済的健康診断を行ったようなものです。お金を人の血液にたとえると、水俣は出血多量状態ではないかという思いもありました」と語っています。「出血多量状態」という言葉から、水俣の地域経済の流れに大きな漏れ穴がたくさん空いているのではないか、というイメージがあったのではないかと思われます。この直感・イメージを数値化し、まちの経済に関わるさまざまなステークホルダーと共有し、対策を考えていくために、地域経済循環分析を行いました。

お金の流れを「見える化」する

この分析手法の大きな特徴は、地域内・地域間の資金の流れを明らかにする上で、生産だけでなく、分配、支出（消費、投資、域際収支）にまで視野を広げ、地域経済の循環の問題を分析しようとすることです。生産・分配・消費・投資・域際収支（地域の総収入と総支出の差）の各面において、域外へ流出している資金を突き止め、地域経済循環における課題を抽出することができます。さらに、域外の資金を獲得できる産業とその規模、最終消費財の生産に必要な、部品や原材料などの中間投入の域内調達の割合などがわかることで、地域経済循環の強みが定量的に明らかになります。

分析は、地域の経済活動を生産・分配・消費・投資・域際収支の大きく五つの視点に分けて進めて行きます。

生産面…「域外から資金を獲得している、強みのある産業は何か」
分配面…「地域の事業者が得た所得が、地域住民の所得になっているか」
消費面…「地域住民の所得が、地域内で消費されているか」
投資面…「地域住民の預金が、地域内に再投資されているか」
域際収支面…「域外へ域内資金が流出していないか」

こうした視点で地域経済の循環を分析する上では、さまざまな統計が必要になりますが、最も重要なのが地域内外の財・サービスの流れを詳細に把握した市民経済計算および市区町村単位の産業連関表となります。産業連関表は都道府県レベルまでしかつくられていないため、市区町村単位のものは自分たちで作成することになります。さらに既存の統計のみで把握できない場合は、ヒヤリングやアンケートを実施して補完する必要があります。

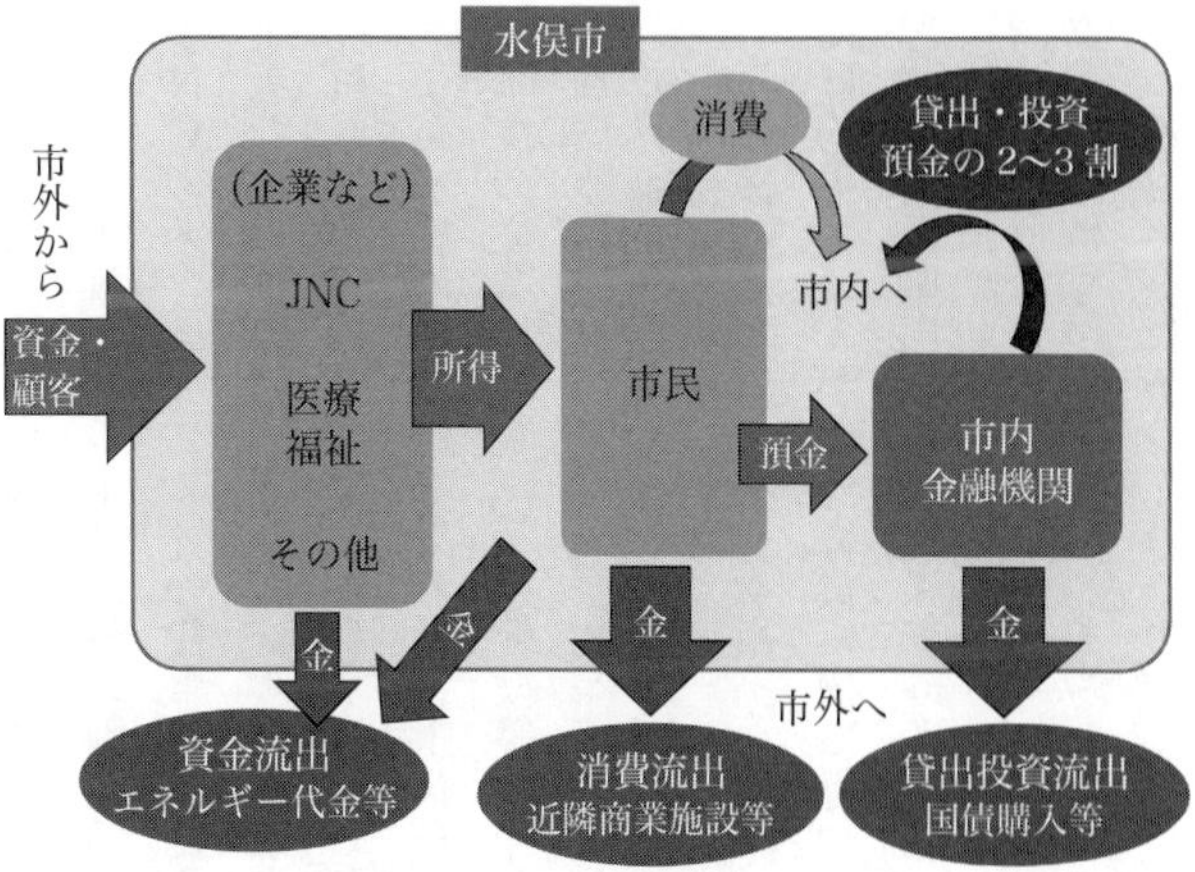

図14　水俣市の地域経済循環の概要　出所：水俣市

水俣市では、県民経済計算や、市内全事業所を対象としたアンケート調査等を活用して、2010年水俣市産業連関表（2005年水俣市産業連関表をアンケート調査等で補正したもの）をはじめとする各種の統計を作成し、分析を行いました。

分析の結果、図14に示す「地域経済循環の概要」と、診断結果（課題）がわかりました。地元の経済のお金の動きを「見える化」することで何がわかったのでしょうか？

水俣市で最大の産業はJNCグループであり、生産額では水俣全体の27％を占めています。しかし、JNCグループは、設備投資に関しては市内の企業と取引があるものの、原材料はほぼ100％を市外から調達しており、最終製品も域外に販売する形態です。同グループの生産活動の持つ域内への経済波及効果は、主に従業員への給与を通してであることがわかりました。

一方、JNCグループ以外の製造業も、生産額の2割強を占めていることがわかりました。JNCのメンテナンス等の仕事を請負う鉄工所、エンジニアリング、電気工事などのインフラ業者などの中には、JNCグループが求める技術水準が高いことから、高い技術を有している社員もおり、その技術を生かすことで次の柱になることが期待されます。

また、雇用者所得を見ると、JNCグループの割合が低いという印象を受けます。JNCグループの従業員数が、業態転換等に伴って、ピーク時の約5分の1まで減少しているためでしょう。それに対して、医療・保健・社会保障・介護などが18%弱を占めています。ここにも将来の可能性を見ることができます。

人の移動に関するデータから、水俣市の住民の私用目的(買い物等)の外出先を見ると、休日には約半数の人が市外に買い物に行っていることがわかりました。特に、水俣から車で20分ほどの鹿児島県出水市にロードサイド店の集積地ができてから、水俣からも多くの人が買い物に行くようになっています。そのため、出水市の中心部だけではなく、水俣の商店街でもシャッター通りになったところがあると言われていましたが、分析の結果、たしかに消費が域外に出ていることがわかったのです。

１９９７年から２００７年の小売業年間商品販売額の統計を見てみると、出水市のロードサイド店集積地は、もともと田んぼや畑だったので０円だったのが、84・8億円を売り上げるようになっています。他方、出水市の中心部の販売額は79・1億円減少し、水俣市の中心部でも、49・9億円もの販売額が減少しているのです。こういったロードサイド店の集積地や大きなショッピングモールができると、周辺地域から売上が持って行かれてしまう実態も、このように数字で示すことができ、その影響度合いや具体的な対策を考えることができます。

水俣市の産業別純移輸出入額の統計を見ると、ＪＮＣや医療が市外から「外貨」を稼いでいる一方、電力・ガス・熱供給や石油・石炭製品を合わせて、地域内総生産の約８％に相当する約86億円のエネルギー代金が市外に流出していることがわかりました。

エネルギー代金が域外に（その多くは国外に）流れ出しているのは、水俣に限った話ではありませんが、このように具体的な数字にすることで、その規模の大きさを知ることができます。

水俣市内の地域金融機関へのヒヤリングによって、市内の預金額は１０００億円以上あるにもかかわらず、市内への貸出の割合（預貸率）は、２〜３割と、県全体（６割程度）に比べても非常に低いことがわかりました。市内の貯蓄が、市外への投資や国債などに流出してしまっているのです。

また、市内の高齢者が亡くなると、都市に住む子どもたちなどがその財産（預金など）を自分たちの口座に移すことがあるといわれていますが、水俣市でも、人口減少とともに、毎年市内預金総額の1～2割という規模で預金自体が域外へと流出している可能性があることがわかりました。

可視化された「漏れ」から始まる創造事業

水俣市では、このような分析の結果に基づいて、2012年度から環境省・熊本県の支援を受けて「環境首都水俣」創造事業を開始し、地域の経済循環を拡大するための具体的なプロジェクトを企画し、進めてきました。そのいくつかを紹介しましょう。

前述した分析から、水俣市では、製造業と医療福祉産業以外の産業が、地域外において競争力をあまり有していないこと、自動車依存度が高く、市外のロードサイド店等に消費が流出していることがわかったため、域内外の消費・需要を喚起する産業の育成に取り組みました。

具体的には、設立以来、沿線人口の減少等により乗降客数や売上が低下していた「肥薩おれんじ鉄道株式会社」（熊本県と鹿児島県の沿線自治体が出資）に対して、「公共交通機関を活用した低炭素型観光の推進」の提案を行ったところ、同社はこれを受けて、世界的な工業デザイナーの協力を得て、２０１３年３月に既存車両を改造した観光列車を導入しました。

この観光列車は、不知火《しらぬい》海などの風景を楽しみながら沿線自治体の食材を使った料理を堪能できる食堂車、つまり「動くレストラン」（名称「おれんじ食堂」）です。通常の運賃に比べて最大約8倍の料金を設定したにもかかわらず、首都圏、関西圏なども含めて多数の利用者があり、同社全体の売上が約３割増加したほか、沿線自治体に多くの観光客が訪れるようになるなど、地域経済循環の拡大につながっています。

分析からは、エネルギー代金の支払いによって年間約86億円の資金が地域外に流出していることもわかったため、それを受けて開催された市民参加の円卓会議で、具体的な再生可能エネルギープロジェクトが提案され、事業化の検討が進められています。

市内の再生可能エネルギーのポテンシャルは、現在の市のエネルギー需要量を上回るとの推計結果もあり、再エネの産業化の可能性も考えられます。

水俣市では、固定価格買取制度の導入を契機に木質バイオマス発電事業が検討されましたが、九州では製紙会社など多くの事業体による木質バイオマス発電所が建設され、原材料の調達が不透明となったことから、実現には至っていません。木質バイオマス発電は、設備の設置とメンテナンスだけではなく、長期にわたって安定的・定量的に原材料の調達が必要となるため、継続的な雇用や地域経済への貢献が見込める一方、特定の地域で多くの木質バイオマス調達を進めることが難しく、導入のタイミングなどが課題となります。現在、水俣市では、地域にある豊富な水を活用した小水力発電の検討を進めています。

そして、前述したように、市内の金融機関が保有している1000億円以上の預金のうち、市内の企業や市民に貸し出されている資金が200~300億円にとどまっていることがわかったため、水俣市では、環境投資を活性化するしくみを考えました。温暖化防止につなげるとともに、市民の資金が市内に融資されることで、地域内への投資を増やそうと考えたのです。

水俣市と市内の金融機関が「環境と経済が一体となった持続可能な発展の実現に関する協定」を締結し、2013年度からの3年間、市内中小企業が行う環境投資関連の融資について、3年分の利子と、信用保証協会に対する保証料を水俣市が全額補助しました。

この融資制度を活用して、市内企業では営業車両へのエコカー導入や省エネ設備・機器への更新、LED照明などの導入が進み、域内への融資額は約2億1500万円増えました。

松木さんは、このように教えてくれました。

「地域でお金を回すという視点で、たとえば市内各世帯(約1万2000世帯)で毎月あと1000円、水俣で買い物をしてもらうと、新たに年間約1億4000万円のお金が市内に循環することになります。

そうやって、地元のお店や商店街を守っていかないと、いつか無くなってしまったとき、不自由になるのは私たち、特に高齢者です。地域の店舗や商店街は今、単にモノを売るという商売だけではなく、地域の人たちの暮らしと命をつないでいるという重要な役割を担う時代にきています。こういった分析結果を、もっと広く市民にフィードバックし、みんなで考え、行動していくことが大事だと思っています」。

下川町──「50歳から住みたい地方ランキング全国1位」になるまで

「地域からお金を漏らさないことが重要」という認識を早くから持ち、地域の現状を把握した上で、地域の資源を上手に利用しながら、施策立案と実行を進めている北海道下川町の取り組みを紹介しましょう。旭川空港から車で約2時間、スキーのジャンプの葛西紀明選手の出身地としても知られている町です。

下川町の面積は644・2平方キロメートル。広さは東京都23区とほぼ同じですが、その約9割が森林に覆われています。また、冬はマイナス30度にもなる多雪地域で、スキーのジャンプ台が4台もあり、これまでに数多くのスキー選手を輩出しています。

現在約3350人が暮らす下川町は、2011年に政府から環境未来都市の1つとして選定され、『田舎暮らしの本』(宝島社)の「50歳から住みたい地方ランキング全国1位(2016年、2万人以下の町部門)」に選ばれるなど、日本中から注目を集めています。しかし、その歩みは最初から順調だったわけではありません。

下川町への入植が始まったのは1901年。1917年に鉱山が発見され、1919年には国鉄名寄本線が開通、1924年に名寄町(現・名寄市)から分村し、「下川村」が誕生しました。その後、農林業と鉱業を軸に発展し、1949年には「町」になり、高度経済成長期の1960年には人口は1万5000人を超えるまでに増えました。

しかしその後、社会情勢は激変します。1983年と1986年に2つあった鉱山が相次いで休山、1989年には鉄道も廃止され、人口も急減してしまいました。

こうした危機的な状況の中、「このままではいけない!」と下川町の人々は、「自分たちにできる取り組み」を始めました。その1つが、1986年に「手づくり観光日本一」をめざして始まった「万里長城築城」です。草地造成時に出た大量の石を用い、業者に頼らず、自分たちで「もっこ」を用いて石を運び、万里の長城を築いたのです。

このプロジェクトは脈々と続き、2000年10月には、築城2000メートル達成記念セレモニーが行われました。なお、当初は、「ミニ万里長城」と呼ばれていましたが、１９９０年に札幌の中国領事館から、「万里長城」という名称の使用許可をもらったため、現在では「万里長城」と呼ばれています。

１９８６年には、冬の寒さを利用して氷のランプシェード「アイスキャンドル」を作り、お祭りで飾ることも始めました。アイスキャンドルは今も、冬の下川町を彩る風物詩です。「石」や「冬の寒さ」といった地域の資源を利用して、「自分たちでできること」で問題を解決しようという「下川イズム」が、下川町のしなやかな強さを作ってきたのです。

その後もさまざまな取り組みを進めてきた下川町ですが、ここ数年、町の施策として力を入れてきたのが、下川町の産業連関表を作成することで地域経済の現状を把握し、「地域から漏れ出すお金を減らす」取り組みです。

町の経済規模と域際収支がわかった！

町から漏れ出しているお金を減らすためには、まず「どこに、どのくらいの大きさの漏れ穴があるのか」を突き止める必要があります。しかしそれまで、下川町の経済を全体的に把握できるツールはありませんでした。前述したように、産業連関表は全国・都道府県レベルでは作成されていますが、それよりも細かく知るためには、独自に作成する必要があります。そこで、下川町では2012年に、いくつかの大学と協力し、約1年間をかけて町の産業連関表を作成しました。

作成にあたっては、住民基本台帳人口、北海道道民経済計算などの公的な統計データを活用するとともに、下川町内の主な事業所(約50事業所)に対して、各事業所の経済規模や調達についての聞き取り調査を行いました。域内の企業が「実際にどこからモノを買って、どこに売っているか」は、公的な統計データだけでは捉えることができません。事業所を1軒1軒回って、聞き取り調査をすることで、実際の状況を反映した産業連関表が作成されたのです(42ページ図6)。最も基本的かつ重要なのは、下川町の「GDP」、つまり町の経済規模(域内生産額)がわかることです。「下川町の経済規模は215億円」ということが、産業連関表を作成してはじめてわかりました。

どれくらい町外からモノやサービスを買っているのか、どのくらい町外にモノやサービスを売っているのかを産業部門ごとに示す域際収支を見ると、地域の産業の強みと弱みも一目瞭然です。町の域際収支によると、下川町の黒字部門は、農業(約18億円の黒字)と製材・木製品(約23億円の黒字)でした。第一次産業が「外貨」を稼ぐ産業であることがわかります。

逆に、大きな赤字を出しているのは、暖房用の灯油などの石油・石炭製品(約7・5億円の赤字)、電力(約5・2億円の赤字)でした。つまり、町の人々が使うエネルギーの購入費として、13億円近くが域外に漏れ出しているのです。215億円の経済規模の町にとって、大変大きな「漏れ穴」です。

このバケツの穴をふさごうとしたら、どれくらいの経済効果が期待できるのでしょうか？産業連関表を使えば、「漏れをふさいだ場合」の経済効果も計算できます。

下川町で必要な電力と暖房用などの石油・石炭製品を、現在は域外から購入し、それぞれ5・2億円、7・5億円を域外に支払っています。この電力と暖房用燃料を、下川町にある森林などからの木質バイオマスでまかなうことができれば、エネルギー購入費の合計約13億円の赤字がなくなります。それだけでなく、木質バイオマスエネルギー用の燃料をつくるために、町内の林業や林産業などの関連産業も活性化します。

こうした波及効果も含めて計算すると、下川町全体では、域内生産額が28億円増加し、100名の雇用を生み出すことがわかりました。下川町の歳入は60億円弱(2015年度)で、そのうち、自主財源である町税は約3億円ですから、域内のエネルギー転換が生み出す「28億円」は大変大きな意味合いを持つことがわかります。このような計算も、産業連関表があるからこそできるのです。

下川町の地方創生戦略室の蓑島豪室長は、「このように具体的な数字にすることで、「なぜこの事業をやるのか」という説明もしやすくなり、議会や町民にも理解してもらいやすくなりました」と教えてくれました。

２０１６年度からは、研究機関と連携し、家計調査も始めました。「地域の経済は、産業経済と家計経済から成り立っていますが、産業連関表では家計経済はわからない。さらに地域に合った計画をつくって進めていくために、家計経済を把握する必要があるのです」と蓑島さんは言います。また、最初の産業連関表作成から5年たち、変わってきた現状を正確に把握するために、２０１７年度に、新しい産業連関表の作成を進めています。

地元資源を活用して、エネルギー自給の町へ！

下川町では、産業連関表の作成・分析からわかった、「エネルギー費用の流出を防ぐことで、域内生産額が28億円増える可能性」を現実のものにするために、豊富な森林資源を用いたエネルギー自給をめざす取り組みを展開しています。

まず、暖房用の灯油などの石油・石炭製品を、地域資源である木質バイオマスエネルギーで置き換える取り組みを進めています。町内の林業・林産業で発生する林地残材や小径の間伐材、枝打ちした枝、加工プロセスから出る端材などを原料に、木材チップを製造します。そのチップを燃料に、町内のバイオマスボイラーで熱を生み出し、町内の施設に供給するという取り組みです。「町内の木材を、町内で加工し、町内で燃焼」する、100%下川町産の熱エネルギーです。

現在、11基のバイオマスボイラーが30の公共施設に熱を供給しており、公共施設の熱自給率は64・1%です。民間の木材乾燥用のバイオマスボイラーも2基導入されており、下川町全体の熱自給率は49%。すでに、町内の熱需要の半分近くを自給しているのです。今後、熱供給導管の埋設を進め、住宅への熱供給を促進するなどして、100%自給をめざしています。

電力については、熱電併給システムの導入を考えています。木質ペレットを燃焼させて、ガス化ユニット装置で抽出したガスでガスエンジンを回して発電するとともに、そこで発生する熱を温水として取り出して利用するしくみです。町内の世帯の約8割が暮らす半径約1キロメートルの市街地に、森林バイオマス熱電併給システムを導入し、発電した電力は固定価格買取制度で電力会社に売電しながら、「町内熱自給」に近づける計画です。

利害の対立する事業者の巻き込み方

暖房の燃料を灯油から地元の木材チップに切り替えていくとしたら、これまで灯油を売って生計をたてていた人々はどうなるでしょうか？　バイオマスエネルギーによる熱供給が普及するにつれて、暖房用の灯油の売上は減っていくでしょう。町内の熱需要が１００％自給されるようになれば、商売は成り立たなくなってしまいます。灯油などの化石燃料を販売してきた事業者が森林バイオマスの取り組みに反対したとしても、無理のないことでしょう。

この「移行に伴う課題」に対して、下川町は共創型のアプローチで取り組んでいます。灯油を販売している４つの灯油組合に、バイオマスエネルギーを供給する協同組合を作ってもらい、バイオマス原料の製造と配達を担当してもらっているのです。

灯油の代わりにバイオマス原料を販売できれば、事業者も商売を続けられるでしょう。地域のエネルギー経済の移行に伴って需要の減っていく産業を、これから必要とされる産業へと転換する手助けをしているのです。

世界中が「化石エネルギーから再生可能エネルギーへの転換」を進めている中で、地元の化石エネルギー事業者が再エネ事業者に転換していくことを支援する取り組みは、共創型の移行の好例です。

永続するエネルギーと地域経済の土台を作る

下川町の「漏れの少ない地域経済づくり」にとって大きな役割を果たすのが、町内の森林資源の持続性です。当初はともかく、いずれ木材チップを域内では供給できなくなって域外から調達することになると、地域からお金が漏れ出てしまうからです。木材チップを町内で持続的に生産するためには、持続可能な森林経営が必要になります。下川町はこの点でも、長期的な時間軸での素晴らしい取り組みを行っています。

下川町の地域経済の「稼ぎ頭」である製材・木製品は、毎年約23億円という収入を生み出していますが、そのために、約50ヘクタールの森林を伐採しています。伐採した木を製材して、木材として域外にも販売し、その際の残材や端材から燃料用木材チップを製造しています。

下川町では毎年、約50ヘクタールの森林を伐採し、約50ヘクタールの植林を行っています。植林した苗は60年かけて成長して成木となり、60年後に伐採されます。50ヘクタール×60＝3000ヘクタール。下川町には、約4500ヘクタールの森林がありますが、そのうち、約3000ヘクタールを占める人工林を、このような循環型の森林経営で活用しています。この長期的なしくみが確立されているため、下川町はいつまでも森林資源を利用し続けることができるのです。この真に持続可能な森林経営に向けて、下川町が取り組みを始めたのはいつだったのでしょうか？

下川町では、1953年に、町の基本財産を造成し、雇用を確保しようと、当時の町の財政が1億円規模だった時代に、8800万円をかけて1221ヘクタールの国有林を取得しました。1960年には、「毎年40〜50ヘクタールを伐採しては植林する」という経営計画が作られ、現在に至るまで継続されています。この計画を実現するために、1994年から2003年にかけて、さらに1902ヘクタールの国有林を取得しました。

下川町の人工林はそのほとんどがトドマツ、カラマツで、伐期を迎えるまで60年くらいです。毎年植林をしてきたので、現在、森林には1年生から50〜60年生の木が育っています。2014年からは、先人が植えた木を伐採し、そこに植林をする「循環型森林経営」ができるようになり、持続可能な森林経営が実現しました。

蓑島室長は、「木を伐採したら、製材して木材として売り、端材はチップにする、というカスケード利用が大前提です。日本は全体的に木材自給率が低く、外材が多く入ってきているため、国産材の販売は簡単なことではありませんが、そこを拡大していってはじめて、木材チップも大量に燃料として使うことができるようになります」と話してくれました。

下川町では、森林資源をベースにさまざまな産業を振興しています。地域経済がしっかりしたものになるにつれ、新しい動きに惹きつけられて、ＵターンやＩターンも増えています。社会減による人口減少に歯止めがかかったばかりではなく、最近では、就学や就職などで地域から出て行く転出者よりも、ＵターンやＩターンなどの転入者の数の方が多い年も出始めています。

下川町にとって、森林は、産業とお金と地元のためのエネルギーを生み出し、移住者を惹きつける大切な資源です。この大切な森林資源を守り続けるために、下川町では森林教育にも力を入れています。２００６年には、幼児センター（未就学児）から高校までの15年間にわたる森林環境教育プログラムを始めました。

園児向けのプログラムは、森林で葉っぱを集めるところから始まります。小学生になれば樹種の勉強、中学生では木材を焼いて木炭を作ります。高校生になると、枝打ちや間伐など、本格的な林業体験を行います。もともとは町の施策として始めたプロジェクトですが、現在はＮＰＯ「森の生活」に委託し、町と連携しながらの森林環境教育を進めています。森に親しみ、森林とのつきあい方を知り、林業もできる人づくり――こうした取り組みも、下川イズムを次世代に伝える、「しなやかに強く、持続する地域の鍵」です。

さらに足腰の強い地域経済に

「日本では人口減少が進んでいく一方で、世界的にはこれからもまだまだ人口が増えていきます。今後は、いくらお金を出しても、食料やエネルギーを外国から買えなくなるかもしれません。そう考えると、食料とエネルギーを自給することは我が国にとって大きな課題であり、それを生産・供給できるのは我々のような農山村地域です。農山村地域が持続可能であることが、日本の持続可能につながります」。そう語る簑島室長をはじめとする下川町では、内外の社会情勢を見据えた時間軸の長い未来構想に取り組んでいます。そして、そのベースとなっているのが、「地域のお金をできるだけ循環させ、漏らさない」という考え方と、地域経済の現状と取り組みの効果を数字で示すことです。

この考え方とツールをもとに、下川町では、農業分野にも取り組みを広げていく構想があります。年に約18億円の「外貨」を稼いでくれる大事な「黒字」産業である一方、下川町の農作物は大半が域外に販売されているので、下川町の人々が食べる食料はほぼすべて域外から購入されているのが現状です。「外貨」を稼ぐことと下川町の人々の食料の域内供給を両立させるために、「プロの農家には今まで通り、農作物を域外に売って「外貨」を稼いでもらい、町内で消費している農作物は、ソーシャルビジネスの手法を用いて町内で自給用に栽培できないか」と新しい取り組みを考えています。

また、新しい産業連関表の作成についても、なるほど！と思ったのは、「前回はまったくはじめてだったので、域外の専門家の手を借りましたが、いつまでもそれを続けていては、お金が外に漏れ続けてしまいます。だから、今回、町内にある地域シンクタンクと一緒にやってもらって、そこにノウハウを残すように考えました」との言葉です。今回は前回よりも「自給率」の高い産業連関表ができることでしょう。このように、「漏れ穴を見つけて、できるだけふさぐ」下川町の挑戦はこれからも続いていきます。

第９章　地域経済を取り戻す――トットネスで始まる「新しい物語」

「地域経済を取り戻す！」という本書の趣旨そのものの取り組みを、「リコノミー（Re＋Economy）・プロジェクト」という旗を掲げてどしどし進めているのが、英国にあるトットネスという町です。トットネスではかなり以前から地域経済を取り戻す動きがさまざまに展開されていて、ずっと注目していました。実際に取材に訪れ、運動の中核メンバーやプロジェクトメンバーに詳しく話を聞き、町や周辺を歩いてプロジェクトの現場を見せてもらった中から、日本の地域経済再生に役立つ多くのヒントを得ることができました。

トットネスの取り組みのキーワードは、「リ・ローカリゼーション」（Re＋Localization）。食やエネルギー、住宅、通貨、地域に存在する多様な小規模事業者など、地域にとって必要不可欠のものを、「再び地域の手に取り戻そう」という考え方です。そして、トットネスがすごいのは、さまざまな分野で実際に、「再び地域の手に取り戻す」動きがいくつも進行していること。

その秘密はどこにあるのか？　地域のキーパーソンたちに話を聞いてわかった「トットネスのすごさの秘密」を紹介しましょう。日本各地での地域づくりの取り組みの参考になることと思います。

トットネスの町とトランジション・タウン運動

トットネスはロンドンから南西に向かって特急列車で3時間ほどの位置にあります。海から10キロほど内陸に入ったトットネスは、かつて海運・造船業で栄え、農業地帯に囲まれていることもあって、「マーケット・タウン」と呼ばれていました。現在の人口は８０００人ほど。町の周辺の15の村も併せて、１万２０００人ほどの人が暮らす地域が「トットネス地域」と呼ばれています。

英国の中では暖かく気候もよく、退職世代の人々などが移り住む人気の場所の１つでもあります。町の中心の通り「ハイストリート」には、個人経営のオーガニックのレストランやカフェ、チーズ屋さん、お肉屋さん、食料品店、洋服屋さんなどがこまごまと並び、行き交う人の目を楽しませてくれます。英国で最初に地域通貨を導入した地域でもあり、「進んだライフスタイルの町」「ちょっと変わった人たちがイキイキと暮らしている町」「面白いところ」というイメージを有する町です。

トットネスは、「トランジション・タウン運動発祥の地」としても知られています。「石油生産がピークに達し、その後は減少していくピークオイルがやってくる。安価な化石燃料がなくなれば、私たちが現在当然だと思っていることが不可能になっていく。石油に頼り続けると、自分たちが脆弱になってしまう」という認識が出発点となり、２００６年にトットネスは「トランジション・タウン」宣言を出しました。「トランジション」とは「移行」のこと。化石燃料に依存する脆弱な町から、化石燃料に依存しないレジリエンスの高い町に移行していこう！という宣言です。

気候変動の問題も考えあわせれば、化石燃料への依存を減らしていくことは、理にかなった緊急の課題です。加えて、２００８年に起きた世界規模の金融危機は、どこで何があっても「折れない地域経済」をしっかりつくっておくことの重要性を明らかにしました。このような問題意識を背景に、トランジション・タウン・トットネスという団体ではさまざまな活動を展開してきました。

トットネスだけではありません。自分たちの暮らしや地域を化石燃料に頼らず、温暖化に寄与しないものにしていこう、足腰の強い地域をつくろうというトランジション・タウン運動は、現在世界中の1000カ所以上で進められており、日本でも数十の地域でトランジション・タウン運動が進行中です。

トランジション・タウン・トットネスの中心人物の1人、ジェイ・トンプトさんに、「トットネスでは、どのような動きがトランジション・タウン運動につながっていったのですか?」と聞いたところ、「トランジション・タウン運動は、パーマカルチャー(人と自然がともに豊かになるような関係を築くためのデザイン手法)の講師だったロブ・ホプキンスが始めたのです。でも、ロブがトットネスに来る前から、町にはサステナビリティ(持続可能性)を考えるグループがありました。最初のきっかけになったのは、映画の上映会でした」と教えてくれました。

ピークオイルをテーマとした「The End of Suburbia」(「郊外の終焉」)と、キューバの人々がどのように石油が手に入らなくなった事態を切り抜けたのかをテーマとする「The Power of Community」(「コミュニティの力」)などを上映し、地元のホールに集まって、「ピークオイルと気候変動を考えたときに、自分たちの町で特に心配なのは何だろうか?」という話し合いが行われました。そこからいろいろな課題やプロジェクトのアイディアが出てきました。その後も何度かグループで議論を深める中で、「食べ物」「交通」「エネルギー」「ビジネス」「住宅」といったテーマ・グループが生まれ、それぞれのテーマ・グループの活動がスタートしました。

食の「リ・ローカリゼーション」プロジェクト

食べ物のテーマ・グループの最初の取り組みは、フード・ディレクトリ（地元の生産者の名簿）を作ろうというものでした。そこから、２０１０年に「フード・リンク」というプロジェクトが立ち上がりました。食に関わる地元の生産者と、小売業者・レストランとのつながり（リンク）を強めようというものです。

２０１１年から２０１２年にかけて、フード・リンクでは、地元の食料部門でどのように「リ・ローカリゼーション」を進めるかを考え、地元の生産者や小売店、レストランなどと話し合いをしました。その中で、さまざまな課題がわかってきました。農家にとっては、販売やマーケティングに時間をとられると農作物を栽培する時間が減ってしまうこと、小売店やレストランにとっては、地元の生産物を買いたいと思っても、あちこちから小規模の農家や供給者を探したり、それぞれ別に請求書を出すといった時間や経費がとれないこと、農家にとっても、多数の小口の顧客に対応する書類の仕事は負担であること、地域の人にとっては、地元の食べ物をどこで買うことができるかが簡単にはわからないため、なかなか地元産の食べ物を選んで買うことができないこと、などです。

そこでフード・リンクでは、「作物のギャップ分析」を行うことにしました。生産側については、需要があってこの地域で広く作られているものは何か、この地域での生産に適している品種は何か、そういった農作物を栽培する知識や経験は誰が持っているか、その栽培を広げる上での制約要因は何か、などを分析します。加工に関しては、地域で栽培されており、十分な数量が加工できる農作物は何か、どのような加工設備やインフラがあるのか、あるいは必要なのか、などを調べます。

また、地元のレストランやカフェではどのような地元産の農作物を求めているか、必要な農作物の数量や配達の頻度はどのくらいか、地元産の農作物に対してレストランやカフェが前金で支払うことができるかなど、流通・小売側の状況についても調べます。

このように消費者と生産者とが力を合わせ、どこにギャップがあるかを見つけ出す調査や分析を行った結果、「作物ギャップ分析報告書」が２０１３年10月に出されました。その上で、この報告書に基づいて、地元に需要はあるが、現在生産されていない農作物の栽培経験を持っている地元の農家を探し、地元で生産するための実験農場を設けるなど、生産者との取り組みが進められています。また、既存の加工業者と地元産の農作物の加工の可能性を相談したり、起業家と力を合わせて食品加工に関わる新規事業立ち上げを行ったりしています。生産者とともに「レストランなどの求めに合わせて生産することができるか？」を考え、いろいろと試してみることも行っています。

56ページで、トットネスの「地元経済の青写真」報告書について紹介しました。町の人々は、これらの報告書に言及しながらプロジェクトを説明してくれました。課題があるからと、すぐにプロジェクトに取り組むのではなく、まずはしっかりと現状を調査・分析すること。そして、その結果を関わる人々全員で共有することで、効果的で持続可能なプロジェクトを行っていること。これがトットネスの強みの1つだと強く感じました。

こうした調査・分析や数字をベースに、トットネスではさまざまなプロジェクトが展開されています。いくつか紹介しましょう。

①グローン・イン・トットネス（Grown in Totnes）

「グローン・イン・トットネス」（トットネスで育てられたもの）という、地域の農作物の生産と流通・消費をつなぎ、増やしていこうというプロジェクトです。特に、穀類や豆類に焦点をあてて取り組みを進めています。この取り組みを進めているホリー・ティフェンさんは、フード・リンクのプロジェクトの中心人物でしたが、今はグローン・イン・トットネスに注力しています。どのような活動なのか、どのように始まったのか、話をうかがいました。

「トットネスで、「地元産のものを食べよう！」と思うと――ここでの「地元」は半径30マイル以内を指しているんだけど――まわりに牧場がたくさんあるし、食肉処理場も1カ所あるから、肉は手に入ります。チーズやヨーグルトなど乳製品も、地元の小規模農家が扱っていて、人気があるんですよ。野菜も地元産が手に入りますが、1月から5月の間は手に入りません。前の年の収穫物を食べ切っていて、新しいシーズンの作物はまだ収穫できませんから。そこで、保存ができて主食としても重要な穀物や豆類に注目しました」とのこと。

トットネスには少なくとも5軒、健康食品店がありますが、国産の穀物や豆類はほとんど置いていないこと、地元産のものは1つもないことに気づいたホリーさんは、農家に聞くなどして、現状を調べてみたそうです。その結果、かつてはこの地域では、家畜を育てながら、さまざまな穀物や野菜などを作っていたが、ある時点から、効率を上げるために牧畜に集中するようになったことがわかりました。

「今でも穀物を栽培している農家もあるけど、家畜の飼料用だそうです。それを聞いて、「飼料用穀物を作っているってことは、ここの農地は穀物栽培に適していて、農家も栽培方法を知っているってことだわ」と思って、もっと調べてみました」。

調べていくうちに、課題は穀物の生産ではないことがわかってきました。乳製品に比べると、穀物にはいろいろな加工設備が必要であること、英国では穀物加工は全国に3カ所しかない大規模加工場で集約的に行われていること、その結果、地域には地元に必要な分だけを小規模に加工するような設備が存在していないことがわかったのです。

ホリーさんは、こう言います。「それを知って、何とかしたい！と思いました。私自身はベジタリアンですが、「環境に良い食生活をしたい」と思って、お肉を食べるのをやめても、タンパク源の豆や穀物がすべて遠くから輸送されてきた品では、全然環境に良くないでしょう？地元産の穀物や豆を食べたい、地元の農家が経済的にもちゃんとやっていける値段で、地元の穀類や豆を生産してもらい、地域の人たちが買えるようにしたい、と考えるようになりました」。

フード・リンクのプロジェクトを長くやっていたホリーさんには、多くの農家の知り合いがいます。1軒の農家がホリーさんのビジョンを共有してくれて、「やってみよう」ということになりました。

この地域でよく育つというオート麦から栽培を始めてもらうことにしました。同時に、脱穀機を手に入れなくてはなりません。そこで、2014年5月に、トランジション・タウン・トットネスのイベント「地元起業家フォーラム」で、地元の投資家や起業家、住民の人々の前に立って、「こういうことをやりたい！」とアピールしました。「うれしいことに、地元の人々が「それはいい！」「手伝うよ！」と口々に言ってくれたんです。本当に大きな自信になりました」。

2015年5月に、「オート麦を脱穀・加工する機械を購入したい！」というクラウド・ファンディングのキャンペーンを行い、町のいろいろなイベントでPRした結果、1カ月で2万6000ポンドも集まったそうです。「おかげで、「集めた金額と同額を寄付します」というクラウド・ファンディングのコンテストでも選ばれ、ヨーロッパの財団からの助成金ももらうことができました。その資金で3種類の脱穀や加工の機械を買ったの。英国にはこのような機械を製造している企業がないため、ドイツ製の機械です」。

ホリーさんは倉庫の壁に貼ったさまざまな穀物のポスターの前で、こう話してくれました。「おかげで、この倉庫兼事務所で、脱穀や加工を試しているところです。いまは3軒の農家と一緒にやっています。すべて有機農家です。いろいろな穀物とか豆とか、種類を増やしていこうと考えています。こうやって、穀物や豆類を、遠くから輸入・輸送されたものじゃなくて、地元産に切り替えていければ、地元経済にとっても良いだけでなく、輸送にかかる化石燃料の使用を減らせるし、二酸化炭素の排出も減らせますから」。

②トットネス10

もう1つ、「地元経済の青写真」報告書と、トットネスの食のつながりをまとめた「畑からフォークへ　トットネス」の報告書から生まれたのが、トットネス10というプロジェクトです。このプロジェクトを進めているマートル・クーパーさんに話を聞きました。

「「地元経済の青写真」から、地域の人々が買い物の10％を地元のものに切り替えれば大きな効果が出ることがわかっています。また、「畑からフォークへ」の報告書のフード・マップを見ると、トットネスには幸いにも、地元産の食べ物が買える場所がたくさんあることがわかります。ここから、「買い物の10％を地元産に切り替える」ことを促すトットネス10のプロジェクトが生まれました」。

地元の人々の意識と関心を「地元産」に向けてもらうことをめざして、地元の豊かな産物をお祝いしよう！という、楽しい「ローカルフード・フェスティバル」を開催したり、イベントなどで呼びかけて、「買い物の10％を地元産に切り替えます」という宣言を集めるなどしています。

「その一方で、人々の買い物の切り替えを阻んでいる障壁をなくしていくことも大事です」とマートルさん。ここでも、すぐにプロジェクトを考える前に、どういう障壁があるのか、どうすれば越えられるのか、いろいろな人に話を聞いて回ったそうです。

「その結果、地元産への切り替えの最大の障壁は「時間」だということがわかりました。何でも一度に揃うスーパーマーケットではなく、あちこちの個別のお店に買いに行くのは、時間がかかります。働いているから、子どもがいるから難しい、という障壁です。もう1つは、「アクセスのしにくさ」。お店が近くにないという物理的なアクセスのほか、地元産のものは高いというイメージも障壁となっています」。

トットネス10では、このような障壁を考慮に入れて、地元産のものを買いやすくする新しいプロジェクトを始めたところです。ファーマーズ・マーケットのオンライン版のようなもので、購入者はウェブから注文して支払いをし、週1回、引き取り場所で注文したものを受け取るしくみです。引き取り場所には、毎回違う農家がやってきて、生産者と消費者のつながりをつくります。このしくみで、「時間」と「距離上のアクセス」の障壁を越えることができます。直販に近いので、価格も安めに設定することができ、「金銭的なアクセス」も改善できます。

マートルさんはこのように教えてくれました。「このしくみは、すでに地元産の食べ物をいっぱい買っている人ではなく、これまであまり買っていなかった人々に使ってもらいたいと思って考えました。そこで、注文した青果物の引き取り場所を「戦略的」に選びました。地域の保育園です。隣には小学校があります。子どもたちを迎えに来た親が、ついでに野菜を受け取ることができます。そして、これまで関心のなかった親も、農家から野菜を受け取っている親子の様子を目にすることで、関心を持ってくれるのではないかと思います。小さな子どもを抱えた親は、とても忙しいけれど、食べ物の質や安全性をとても気にしています。値段も手頃で、引き取り場所も便利であれば、利用者が増えるのではないかと期待しているんです」。

③ニュー・ライオン・ブルワリー

食の「リ・ローカリゼーション」の最後の例はビールです。

１９２６年までトットネスの町の真ん中にライオン・ブルワリーという地ビール醸造所がありました。最盛期には26軒のパブを持ち、多くの地元の人々を雇用していました。町の人たちはここのスタウトビールが大好きだったそうです。

廃業してしまったライオン・ブルワリーをもう一度町に取り戻そう！という取り組みがニュー・ライオン・ブルワリーです。２０１３年の秋に立ち上がり、今では週に45樽の地ビールを生産できます。定番ビールはもちろんのこと、地元の企業やグループと一緒に「地元だけのための特製ビール」も作っています。秋にはカボチャビール。マッシュルームの栽培キットを販売している地元の事業者と組んでマッシュルーム・スタウト、先ほどのホリーさんのオート麦を使った特製ビールなど。

幹線道路沿いにある醸造所の立ち飲みカウンターで自慢の地ビールをすすめてくれながら、醸造所長のマット・ヘニーさんはこのように教えてくれました。「地域社会・革新性・持続可能性・採算性の4本柱がビジネスモデルの土台です。地元の人々が投資する会員制のしくみで経営を支えています。言うまでもなく、原材料は可能な限り地元から調達しています。特別なビールを作って地元のイベントの盛り上げにひと役買うのも大事なことです。ここで雇用を生み、「ここのビールが飲みたい」というお客さんに地域外から来てもらい、地元経済のレジリエンスを高め、地元の投資家にリターンを提供していきたいと考えています」。

エネルギーも住宅も通貨も、「リ・ローカリゼーション」

トットネスでは、食の分野以外でも、さまざまな「リ・ローカリゼーション」の取り組みが進められています。

①トットネス・リニューアブル・エナジー・ソサエティ

「化石燃料に頼らない町」を目指すトットネスですから、エネルギー関係のグループも活発な活動を行っています。

再生可能エネルギーの領域では、トランジション・タウン・トットネスと連携を取りながら事業展開しているトットネス・リニューアブル・エナジー・ソサエティ（Totnes Renewable Energy Society：TRESOC）という会社が活躍しています。

住民からの出資を募って事業資金を集め、太陽光発電や川の堰を利用しての小水力発電など、地元の資源を活用した発電事業を進めている「新しいタイプのコミュニティ再生可能エネルギー会社」です。トットネスは、英国の中でもこのような「地元の、地元による、地元のための独立系電力会社」を有するようになった最初の町の1つなのです。

自分たちの地域にある再生可能エネルギーを開発し、その供給を自分たちで民主的にコントロールする。そして、地元資源の開発から得られる最大価値をコミュニティにとどめておく——これがこの会社の目指すところです。「家庭であれ、学校であれ、駅であれ、美術館であれ、適している所には、できるだけたくさんの太陽光パネルを載せ、川の堰には遡上する魚のための水路がついた小水力発電装置を設置し、木材や食べ物の残渣・廃棄物を小規模バイオマス発電で電気に換える」とビジョンを掲げています。また、地域の人々や組織が投資をすることで、金銭的なリターンと社会的なリターンの両方を得てもらいたいとしています。

２０１２年と２０１３年に、２カ所に太陽光発電設備を設置しました。リートサイド診療所では電気代が20％安くなり、フォラトン・コミュニティセンターでは年間１０００ポンドの電気代が節約できているそうです。

小水力発電も成果を収めています。トットネスの町を流れる川に堰を築き、わずかな落差を活かして、ゆっくりと回るタービンが昼も夜も電力を作り出します。２０１５年12月に発電を始めたこの水力発電装置は、１００年に1度の大洪水にも、春の高潮の影響にも、気候変動による川の水位上昇にも持ちこたえられるように設計されており、少なくとも40年間にわたって、毎年１２５０メガワット時、約３００世帯分の電力を発電します。

タービンの隣には、魚が遡上するための水路が設けられており、サケなどが川を遡って産卵することができます。自動カウンターも設置されており、この魚用の水路を通る魚の大きさや数をモニタリングしています。

この水力発電の株を売り出し、地元の人たちが出資して水力発電事業をサポートするとともに、投資に対するリターンも得られるようにしたところ、あっという間に売り切れたそうです。

TRESOCは、このように目に見えるプロジェクトだけではなく、意識啓発、イベントや展示会、プレゼンテーションやディスカッション等にも時間をかけ、トットネスの町が、自分たちの資金を活かし、自分たちの地域にあるエネルギー資源を利用して、自分たちでエネルギーを作り出していくことができるよう、強力に「エネルギーのリ・ローカリゼーション」を進めています。

②トランジション・ホームズ

住宅の「リ・ローカリゼーション」プロジェクトもあります。2008年、初期のテーマ・グループの中から生まれたプロジェクトの1つ、「トランジション・ホームズ」です。英国は全国的に住宅難の課題があるそうで、ここトットネスでも「手ごろな値段で買える住宅がない」という人が少なくないそうです。「地元の人たちが手ごろな価格で入れて、持続可能な暮らしのできる家を建てたいね」という「夢のような話」を実現しようというプロジェクトです。「地域の人が、地域の人のために、住宅開発までしようとしている」と聞き、トランジション・タウン・トットネスで、このプロジェクトを担当しているニコラ・ラングさんに話をうかがいました。

ここは暖かいし、美しいところなので、たくさんの人たちが住みたがります。それもあってここの土地や住宅の価格は、とても高いんです。一方、トットネスは貧しい町ではありませんが、裕福な人たちばかりが住んでいる町でもありません。つまり、人々の所得と住宅価格の間に大きなギャップがあるんです。

ということで、ここでの「住宅」については、「手ごろな価格かどうか」がとても大事なポイントです。もう1つは、持続可能性です。建築業者が守らなくてはならない最低の基準はもちろんありますが、それよりももっともっと持続可能性の高い住宅建設ができるはず、と私たちは考えています。もっとも始めたときは、こんなに大きなプロジェクトになるとは思ってもいませんでしたけどね。

プロジェクトを進める体制として、「コミュニティ・ランド・トラスト」(Community Land Trust：CLT)をつくることにしました。「トラスト」とは「信託」のこと。「ランド・トラスト」というのは、土地を地価が変動する市場から切り離し、民間非営利組織等が民主的に保有することで、自然環境や住環境を乱開発等から守り、自分たちで利活用をはかっていくという取り組みです。「市民自らが寄贈や買取によって土地を取得し、守っていく」というトラスト運動としては、自然環境や景勝地などを守る「ナショナル・トラスト」が広く知られています。ちなみにこの「ナショナル」は「国の」ではなく、「国民の」という意味です。

日本ナショナル・トラスト協会によると、世界最大級の環境保全団体でもある英国ナショナル・トラストは、約25万ヘクタール（東京都とほぼ同じ面積）の土地や、１２００キロメートル以上にわたる海岸線、３５０カ所以上の歴史的建造物や自然保護区、庭園などさまざまなものを所有し、保全しています。日本でも、第1号となった鎌倉の御谷の森を含め、全国50以上の地域でナショナル・トラストが展開されています。

この同じ「トラスト＝信託」の考えのもと、住宅コストが高騰している都市部で低所得者層への住宅供給を進めるために生まれたのが「コミュニティ・ランド・トラスト」です。これは、コミュニティによる民主的な土地所有形態の1つであり、30年ほど前に米国で始まったと言われています。米国には現在５０００ほどのＣＬＴ組織が存在するそうです。

英国でも２００６年ぐらいからパイロット的に取り組みが始まりました。キャメロン政権の時代にLocalism Act（地域主義法）という法律が成立しました。地域共同体に住宅供給や開発計画の決定に対するより大きな統制力を与えることを目的とする法律です。このように、地域社会を後押しし、その自立性とレジリエンスを高めようという前政権の支援もあって、英国では現在170ほどのCLTが活動しており、2020年には3000軒ほどの住宅がCLTによって建てられることになるという計算もあるそうです。

通常なら、営利企業である民間のディベロッパーが土地を取得し、住宅を建設し、販売しますが、そうではなく、コミュニティが土地を取得し、住宅を建設する――コミュニティがディベロッパーなのです。地元のニーズを満たすためにどのようにすればよいかを地元の人々自身が考え、実行に移します。多くのCLTでは、コミュニティのメンバーによる土地の所有や意思決定への参加などを通し、住宅供給だけではなく、住みやすい地域づくりを大事にする取り組みを行っています。まさに「地域の、地域による、地域のための」住宅開発です。

ニコラさんは完成予想図を見せながら、経緯と今後について教えてくれました。

トットネスのトランジション・ホームズは、2011年にCLTになって、次に場所探しを始めました。これは大変でしたよ。ここの地価が高いのは、土地があまりないからなんです。それでもなんとか、2013年に場所を取得しました。トットネス駅から徒歩10

分くらい、町の中心部まで歩いて20分ぐらいです。

各地のCLTは、それぞれの方法で土地を取得しています。あまりコストがかからない公共の土地を取得する場合もありますし、助成金や市民への投資の呼びかけによって資金を集め、土地を購入することもあります。トットネスでは、地元の賛同者からの低利の融資を得て購入しました。

そこに27軒のエコハウスを建てようという、住宅開発のプロジェクトが始まりました。敷地面積は、2万8000平方メートルほど。27軒のうち19軒は手ごろな価格の賃貸または共同所有住宅として地元の人たちが住み、残りの8軒は市場で売り出し、その利益を19軒の「手ごろな価格」を実現するために使う計画です。プロジェクトの目的は、「地元に住んでいて住宅を必要としている人々に手ごろな価格で持続可能な住宅を提供すること」。ちなみに、英国政府は「手ごろな価格」を市価の80％と定めていますが、このプロジェクトでは、市価の65〜70％になると思います。

開発計画には、パーマカルチャーの考え方やデザインを活用し、自分たちで食べ物を育てる場所や再生可能エネルギーも入れる予定です。27軒のテラスハウスのほか、コミュニティスペース、共有ランドリーなど住民が皆で使う施設、カーシェア、サイクルシェア、木材バイオマスボイラーなどが計画されています。敷地内には、家庭菜園、果樹園が広がり、在来種の樹木の雑木林など、敷地内の生物多様性を高めるさまざまな取り組みも立案されています。湿地もあり、野草の咲き乱れる牧場や鳥たちが巣作りできる林もあるんですよ。

住宅は地元の木材を用い、ストローベイル(藁のブロック)を断熱材として使います。南向きの屋根にはすべてソーラーパネルを載せます。住宅の間には、子どもたちが遊べるような遊具を置いた緑地も設ける予定です。駐車スペースは最小限にしようと思っています。車が我が物顔で走るような町ではなく、歩行者に優しい地域にしたいと思っているからです。もっとも、お年寄りや体の不自由な方も住むでしょうから、超低速でしか走れないレーンを用意し、家の前で乗り降りや荷物を載せたり下ろしたりができるようにし、駐車場自体は敷地の端に設ける予定です。

二酸化炭素をできるだけ出さない素材や技術を活用し、環境影響を最小限にした高度に持続可能な住宅開発を行います。省エネ性能がとても高い建物で、屋根にはソーラーパネルがありますから、夏の数カ月は100%エネルギー自給ができる見込みです。入居者のエネルギー代金は安くてすみますよ。また、この敷地内の送電網を一元化することで、各家庭の余剰電力を相互に融通することができるようになるはずです。そうそう、このようなテラスハウスでコンポストトイレを導入するのも英国で初めてだと思いますよ！

地元の天然の建材を使い、地元の事業者やサプライヤーを活用します。大きな開発プロジェクトですから、巨額のお金が動いていますが、私たちはその大部分を地元で使います。地域の経済循環にとって、とても大きな効果をもたらすと思いますよ。出資者も、地元経済への好影響を望んでこのプロジェクトを支援してくれています。「できるだけローカルに」と考えています。地域内乗数効果が大事ですから。

このプロジェクトは、コミュニティ主導型で、営利目的ではありません。このプロジェクトを進めているトランジション・ホームズCLTは、慈善団体として登録されている団体で、プロジェクトはニコラさんが週1回スタッフとして関わっている他は、地元のボランティアによって運営されています。建築に詳しい人やソーシャルハウジングに詳しい人など、さまざまな強みを持った10人ほどの人が中心になって動いているそうです。

２０１６年12月に地元の行政に開発計画申請を提出し、２０１７年２月に許可が下りたところです。この後、建設資金を集め、２０１７年の冬には着工し、それから２年後に完成の予定とのこと。ニコラさんは言います。

この計画を立てるプロセスでは、地元の人たちとの話し合いもたくさん行っています。要望や意見を出してもらい、検討した結果を持ってまた話し合いをし、フィードバックをもらうということを繰り返してきました。この話し合いのプロセスに参加した地元の人は150人ぐらいいます。他にもさまざまなイベントに出展したり、オンラインで調査を行ったりしてきたので、1200人から1500人ぐらいが何らかの形でこのプロセスに関わっていると思います。

構想から10〜12年たって、やっと「夢のような話」が現実になります。待ち遠しいですね。そして、「ぜひ自分のところの土地を同じように地域の人のための住宅開発に使ってほしい」という申し出もいただいています。すでに次のプロジェクトも考えているんですよ。

③トットネス・ポンド

通貨の「リ・ローカリゼーション」も進められています。通貨のリ・ローカリゼーションとはどういう意味でしょうか？

日本円であれば、日本中のどこでも使うことができます。地域での売上も、都市部の本社にすぐに移すことができます。しかし、その地域でしか使えない地域通貨であれば、そのお金はその地域から外に出ていくことはありません。

つまり、地域通貨は、その地域の中をぐるぐると循環し、地域の中にとどまります。地域通貨を使うことで、地域の人たちは地元の経済について考え、自分が支払ったお金がどこに行くのかに思いを馳せるようになるでしょう。そして、地域に自分たちのお金ができるだけとどまり循環し続けるよう、買い物の仕方も変えていくことでしょう。自分の家の近くで生産されたものを買うようになれば、どのように生産されたのか、廃棄物はどこに行くのかにも注意を払うようになります。

トランジション・タウン・トットネスが「トットネス・ポンド」という地域通貨を始めた最大の目的は、「地域の人々に地元の独立系の店舗や事業者を利用するインセンティブを提供することによって、地元経済を強いものにする」ということでした。全国チェーンや地域チェーンの店舗ではなく、トットネスだけで営業している店舗や会社は、トットネスという町のアイデンティティにとって非常に大事なものだと考えているからです。

全国チェーンや地域チェーンの店舗に支払ったお金は、地域から出ていき、多国籍企業や別の地域に本社を持つ会社、どこにいるかわからない株主や金融機関の取締役たちに利益をもたらします。それに対して、トットネス・ポンドは、トットネスでしか使えませんから、地元経済の中だけで繰り返し使われます。おなじみの地域内乗数効果が高くなるのです。トットネス・ポンドは、地元の企業や店舗で働く人々と地元の市民の結びつきを深め、多彩なものにすることができます。持続可能な地域経済を築き、質の高い雇用を提供する上で非常に重要な点です。

トランジション・タウン・トットネスのウェブサイトには、トットネス・ポンドのコーナーがあり、トットネスの町でトットネス・ポンドを使える店舗や事業者のリストと地図が掲載されていますので、どこでトットネス・ポンドが使えるかを簡単に知ることができます。実際には、トットネスにあるお店のほとんど、160を超える店舗・事業者でトットネス・ポンドを使うことができます。

トットネス・ポンドは2007年、トランジション・タウン・トットネスの最初の頃のテーマ・グループの活動の1つとして、取り組みが始まりました。最初のトットネス・ポンドが発行されたのは2007年5月。トットネス・ポンドを入手するには、町の中に何カ所かある交換所で、1トットネス・ポンド＝1ポンドで交換してもらいます。この時は18のお店がトットネス・ポンドを受け入れることになったそうです。同年8月に2回目の発行が行われ、トットネス・ポンドを受け入れる店舗や事業者は50に増えました。

3回目の発行は２００8年1月、75店舗・事業者が受け入れるようになり、２０１4年4月に、4回目の発行が行われたときには、１６０を超える店舗・事業者が受け入れを表明しています。町の中で広がってきたようすがわかります。２０１4年10月には、電子版のトットネス・ポンドが発行され、新しい段階に入っています。

トランジション・タウン・トットネスで、当初からトットネス・ポンドのプロジェクトに関わっているジョン・エルフォードさんは、「発行したトットネス・ポンドは2年間を使用期限とし、期限が来ると新しいものと交換するというしくみを取っているんですよ。4回目の発行時には、20ポンドを21トットネス・ポンドと替えるなど、インセンティブをつけました。現在、1万5０００ポンドのトットネス・ポンド紙幣と4０００ポンドの電子トットネス・ポンドが流通しています」と教えてくれました。

「まわりの地域でも似たような地域通貨の取り組みが始まったりと、いろいろと広がりも出てきています。もちろん、トットネス・ポンドにもさまざまな課題がありますから、みんなでいろいろと話し合いや試行錯誤を続けています。もっともっと地域経済の役に立つような存在になっていってほしいと思っているんです」。

次々とプロジェクトや取り組みを生み出す三種の神器

このように、トランジション・タウン・トットネスを土台に、さまざまな「地域経済を取り戻す」プロジェクトがどんどん生み出され、有機的に広がっています。

トランジション・タウン・トットネスで最も新しい取り組みは、２０１７年１月から活動が始まったトットネス・ローカル・インベスター・ネットワーク(Totnes Local Investor Network)です。これは、トットネスのさまざまな事業にトットネスの人々が投資をして支援しようという取り組みです。この取り組みを始めたのは、私たちを案内してくれたジェイ・トンプトさんですが、いろいろなアイディアがあっても資金がなければ起業することが難しいという現実に、地元の投資家のネットワークを作ることで対応しようと始めたそうです。

このように、トットネスでは、「これが必要」と思った人が、その必要なものを自分や周りの力でどんどん作り出していっています。「面白いことがいろいろ起こっている町」トットネスには、他の地域からも新しいことにチャレンジしたい人たちがどんどんやってきます。町の中にそういった人たちの新しい事業や店舗が生まれているのです。

トランジション・タウンとして活動を始めたトットネスで、次から次へとプロジェクトが生まれ、広がっている秘密は何なのでしょうか？　これを知ることが今回の取材のいちばん大きな目的でした。

実際に現場で取材をしてみて、大きな感銘を受けたのは、きちんとした組織があるわけでもなく、体制が定まっているわけでもない、ということでした。トランジション・タウン・トットネスの事務局は本当に小さいもので、数人のパートタイムスタッフが主にコーディネータ役として働いているだけです。ピラミッド型の組織があるわけでもなく、全体の目標や枠組みがしっかり決まっているわけでもありません。それなのに、次から次へと、「リ・ローカリゼーション」に向けて町や住民を動かしていく重要なプロジェクトが生み出され、展開していることにびっくりしました。有機的で生成的で自己組織的なそのあり方は、まさに「学習する組織」ならぬ、「学習する地域」のお手本かもしれません。

現地でいろいろな活動に携わっている人々に取材する中で、トットネスの「挑戦と成功の連鎖」の原動力は、「このままではいけない」という危機感と「自分たちの地域はこうありたい」というビジョンを共有する人々が、①自分たちの地域に関する「客観的なデータや見通しを示す報告書」を共通の基盤として、②「継続的に新規プロジェクトや起業を育み支援する場」と、③「定期的に事業アイディアを発表して、地域のプロジェクトとしていく発射台」を有機的に組み合わせていることだと認識するに至りました。この「三種の神器」とも言うべき①〜③を、それぞれ説明していきましょう。

「自分たちの地域はこうありたい」というビジョンから始まる

トットネスは1980年代まで造船業が盛んな町でした。ところが、町にとって最大の雇用主であった造船業をはじめ、120人を雇用していた乳業会社、芸術大学などが次々と撤退してしまいました。これはトットネスの町にとって大打撃であり、地元の人々は強い危機感をいだきました。ここから、「これまでの大きな企業や産業に雇用を頼る地域経済ではなく、地元の小規模事業者がたくさん、さまざまな形で活躍する地域経済のほうがよい」という意識が生まれたそうです。

2011年、トットネス・リコノミー・プロジェクトが始まりました。「しっかりした地元経済のために活動する」とロゴに入っています。当初から関わっているジェイさんはこのように教えてくれました。「新しい経済システムを作り出したいのであれば、2つ必要なことがあります。まず、自分たちの地元経済の現況を理解し、どこに変えていくチャンスがあるかを見いだすこと。だから、「地元経済の青写真」の調査を行い、報告書をつくった。もう1つは、経済の新しい主体や関係性が台頭し、うまくいくための条件を整える必要がある。だから、「地元起業家フォーラム」を立ち上げ、「リコノミー・センター」を始めたのです」。

先述したように、食の分野では「作物ギャップ分析報告書」を出し、2011年からは、リコノミー・プロジェクトのための基礎データを集めることを目的に、「地元経済の青写真」の調査を行い、2013年5月に報告書が発表されました。ジェイさんはこう教えてくれました。

「単なるデータや数値だけではなく、さまざまな地域のステークホルダーと共に、データを調べ、分析し、「トットネスの地元経済はどうあるべきか」というビジョンをつくり、ビジョンに向かって進むための活動やプロジェクトのいくつかを見いだすことができたのが大きなポイントです。実際、この報告書の大きな目的は、関係性をつくることでした。だから、地元の行政、商工会、学校など、地域のさまざまなステークホルダーに呼びかけたのです。特に、地元行政との関係性をつくることができたのはその後にも大きく役立ちました。また、この報告書の直接的な成果として、リコノミー・センターができ、「トットネス10」などのプロジェクトが立ち上がりました。町に関わる人々にとって「共通の参照点」になったのも大きかった。

さらに、この報告書を出したことで、トランジション・タウン・トットネスの信憑性が上がり、他の地域からも声がかかるなど、広がりを創り出すことにも役立っています」。

日本各地のさまざまな取り組みを取材していると、「これが問題だ」と課題を認識すると、すぐに「それを何とかするためのプロジェクトを立ち上げよう」とプロジェクト化に飛びつくことが多いように思います。トットネスでは、すぐにプロジェクト化するのではなく、「課題」の全容や背景、構造を丁寧に調査して報告書にまとめ、そのうえでプロジェクトを考えていきます。そうすることで、みんなが共通認識を持つことができ、たとえ人が入れ替わっても、同じ認識でプロジェクトを進めていくことができます。ぜひ見習いたい点の1つです。

「地元経済の青写真」報告書から生まれたものの1つが2013年9月にオープンした「リコノミー・センター」です。コワーキングスペース+インキュベーション・センターとして、しっかりした地元経済を作るために活動している人々やグループの活動拠点となっています。

新しい起業家や新規企業へのサポートに加え、さまざまなワークショップや教育や研鑽の機会を提供するほか、助成金や融資の情報を伝えたり、専門家のネットワークやメンターなどにつないだり、といった支援も行っています。地元の起業家や新しくプロジェクトを始めたい人たちが、同じ場所で活動や作業をすることで、新しいネットワークが生まれ、アイディアが展開していきます。この場所で新しい事業アイディアやプロジェクトを生み出したという人もたくさんいるとのこと。立ち上げたばかりで自分の事務所がまだ持てない人でも、ここで会議を行ったり、顧客や出資者と会ったりすることができます。

だれでも簡単にメンバーになることができ、使用料もリコノミー・センターの施設を利用した時にそれぞれの財布具合に合わせて支払えばよい形になっています。推奨金額は2ポンド＝300円とのことですから、「やる気はあるけどお金はない」若者も気軽に利用することができます。「会員数は?」と尋ねたところ、「特に会員名簿はないが、現在メーリングリストには110人ほどが登録しています」とのことでした。

コワーキングスペースやネットワーク、実務知識やさまざまな支援、能力開発の機会、先進事例や先輩起業家とのつながりなどを提供することで、リコノミー・センターはまさに、「ビジネスのリ・ローカリゼーション」の基地であり、インキュベーション・センターになっているのだ、と思いました。

インキュベーション・センターでコーチングを得て、コワーキングスペースで事業計画を練ったとしても、いつかそれを「発射」するタイミングが必要です。その「発射台」としての役割を果たしているのが、2012年から行われている年に1度の「地元起業家フォーラム」です。毎年、地元の起業家が自分のプロジェクトを地元の人々に向けて発表し、みんなに知ってもらうとともに、投資やお金以外のサポートを得る素晴らしい機会です。

地元起業家フォーラムに登壇できる起業家の基準は、①事業内容がエシカルで持続可能で、適切な形でローカルであること、②事業計画やこれまでの実績から能力が示されていること、③ビジネスモデルが寄付や助成金に頼っていないこと、④お金やお金以外の必要な「投資」によって、事業を次のレベルに引き上げられること、⑤「地元経済の青写真」で取り上げた飲食物、再生可能エネルギー、住宅の省エネ改修、介護・健康の1つ以上のセクターに関わるものであることが望ましい、⑥コミュニティの長期的なレジリエンスに資すること。毎年、発表のうちの1枠は、若い起業家向けに確保されています。

毎年少しずつやり方は進化していますが、1日のイベントとして開催されています。お金もかからず、特別に訓練を受けた経済学者やコンサルタントでなくてもよく、MBAも必要ありません。誰もが参加でき、笑いのあふれる、とても楽しいイベントです。

これまでに開催された6回の地元起業家フォーラムには、延べ720人が参加しています。リピーターもいれば、新しい顔ぶれも、そして町の外からも参加する好奇心豊かな人もいます。27人の起業家が自分のプロジェクトをピッチし(売り込み)、そのうち、21のプロジェクトは今でも元気に活動を続けています。

直接の成果として、合計8万3000ポンドほどの資金が集まり、融資、補助金、事前販売、贈与など、間接的には数十万ポンドの資金獲得につながっています。町の〝投資家〟は、金銭以外の支援も提供します。専門的な事業サービスや法務の支援サービス、マーケティング、コミュニケーション、宣伝、ビデオやラジオ番組の製作、メンタリングやコーチング、建物や事務所スペース、土地、労働、お手製の食事、マッサージなどなど。これらは無償の贈り物ですが、何千ポンドもの価値があります。

金銭的な資金はもちろんうれしいですが、「頑張ってね」と肩をたたいてもらえるだけでも、信頼と気遣いが伝わってきます。「子どもの面倒をみてあげるよ」と言ってもらえれば、大事な会合に出たり、商談に行ったりする時間ができます。そして、こういったことが人間関係と本当の連帯を作り出すのです。どんな起業家も、金銭的な資本や事業計画にとどまらない、幅広い支援が必要です。落ち込んでいるときには励ましてくれ、うまくいっているときには一緒に祝ってくれる、そんな支援ネットワークがあってはじめて、事業を成功させることができるのです。

「食のリ・ローカリゼーション」で紹介したホリーさんも、地元起業家フォーラムで発表し、投資や支援を得たことから、事業化に向けて走り始めました。ホリーさんのオート麦を使って特製ビールを造って応援しているニュー・ライオン・ブルワリーも、地元起業家フォーラムで「ライオン・ブルワリーを町に取り戻そう！」と発表して、金銭的な支援とさまざまな賛同・協力を得て、事業を開始したプロジェクトなのです。他にもトットネスの町で展開しているプロジェクトや事業の多くが、この地元起業家フォーラムから誕生しています。

また、他の地域でも、この地元起業家フォーラムに取り組むトランジション・タウンがいくつも出てきています。「地方の町でも、大都市の中でも、うまくいっていますよ」。

コーヒー戦争に勝つ！

トットネスの町には、地元経済を本気で大事にするトットネスらしい武勇伝があります。英国で最大の全国チェーンのコーヒーショップがトットネスに進出すると聞いた町の人々が、みんなで反対運動を展開し、半年後、トットネスへの進出を断念させたのです。ジェイさんとホリーさんがこのように話してくれました。

２０１０年2月に、英国全土で当時１４００店舗を展開していたコスタ・コーヒーが店舗を出すという話を聞きました。それも、町の目抜き通りの入口に、70席の店を開くと。

すぐにみんなで反対運動を始めることにしました。せっかく地元経済をしなやかに強くしたいと、地元の生産者や店舗・事業者を応援してきたのに、全国チェーンのコーヒーショップがやってきたら、町の小さなカフェなんてひとたまりもなくなりますから。トットネスには42軒もそれぞれユニークなカフェがあるんだから、どこにでもあるような全国チェーンのコーヒーショップはいらない！ってね。トットネスはほかの町とは違う、ここにしかない魅力を大事にしてきたのに、クローン・タウンになってしまう、町のイメージにもマイナスになる。それに町の小さなカフェの経営が立ち行かなくなると、そこの仕入先や関連している事業者の経営も脅かされてしまうでしょ。

まずは、5月にみんなで「コーヒー・フェスティバル」を開催しました。いらないものに「反対」するよりも、いるものに「賛成」する活動の方が広がりますからね。にぎやかなお祭りをして、町のカフェやそこで働くバリスタに賞を贈ったり、「コーヒー・アート」を展示したりしました。「コスタにさよなら」というポスターをつくって貼ったりもしましたね。同時に、大規模なコーヒー事業者の進出に反対する請願を集める運動も始めて、6000筆近い署名が集まりました。「コスタにNO」キャンペーンです。

でも、地元の人々の反対や請願にもかかわらず、地方議会の計画委員会は、コスタの店舗開設を承認する決議を下しました。われわれ地元の住民にとって、打つ手はなくなってしまったんです。

それでも、「一度トットネスに行って、地元の代表者と話をしてはどうか」という提案に応じて、コスタの経営幹部がトットネスに来てくれました。会合では、彼らは「コスタが進出しても、トットネスでこれまで営業していたコーヒーショップの脅威にはならないし、逆に、コスタが進出することで町を活気づけることになる」と説得しようとする。それに対し、町の代表者は「コスタの進出は、地元経済を損ない、トットネスの観光地としての魅力を傷つけてしまう」と主張しました。

最終的に、コスタはトットネスへの進出を取りやめることにしました。町の人々と会って、反対の意思が強いことをひしひしと感じたのでしょう。他の地域でも「コスタ来るな」キャンペーンをやった町はありますが、成功したのはトットネスが最初でした。

私たちがコスタの進出に反対したのは、ひとえに地元経済のことを考えてのことです。コスタのような全国チェーンは、一元管理された大きな工場で商品を作り、全国どこでも同じものを売っています。どの地域であっても、売上はすぐに本社に吸い上げられてしまい、地域には残りません。仕入れも一元管理されているので、地元にコスタ・コーヒーのショップがあっても、地元にはお金がほとんど残りません。

トットネスでは、地元でお金がまわり続けることを大事にしてきました。そして、どこにでもあるものではなく、ここにしかないものを誇りに思っています。それがトットネスに観光客を惹きつける魅力となっているのです。それを失うわけにはいかない、とみんなで力を合わせたのです。

「新しい物語」を生み出す

「何か新しい事業をやりたい」「こういうプロジェクトをやれば地元の役に立つんじゃないか」と思っている人がいても、その思いだけでは実際の事業にはつながりません。トットネスの町では、リコノミー・センターの提供するネットワークづくりの機会やさまざまなセミナーや研修、そしてワークスペースなどを通じて、新しい事業を始めたいという思いを刺激し、育むとともに、その熱い思いを事業計画に落とし込むプロセスも支援しながら、起業家を応援します。

そして、年1回開かれる地元起業家フォーラムでは、起業家の卵たちが自分の事業を町の人たちに売り込み、支援や賛同を得て、自分一人のプロジェクトではなく地元のみんなが応援してくれるプロジェクトへと大きく展開し、事業化に向けて走り始めることができます。インキュベーション・センターからの「発射台」のような役割です。

地元起業家フォーラムから誕生したプロジェクトや事業は、言ってみれば兄弟のようなもの。お互いの間の連携や協力もさまざまに展開しています。それがお互いの事業のみならず、地元経済のしなやかな強さを作り出しているのです。たとえば、先に挙げたように、ニュー・ライオン・ブルワリーでは、ホリーさんたちの育てたオート麦を使ったビールという新商品の開発もしています。両方のプロジェクトを支援している人だけではなく、町の多くの人々が、そういった展開を応援し、楽しんでいます。

そして、楽しいだけではなく、しっかりとした結果も生み出しつつあります。リコノミー・プロジェクトが始まって6年たった今、「実際に地元経済の漏れ穴をどのくらいふさぐことができたのか？」を分析してもらいました。

そのレポートによると、地元起業家フォーラムで立ち上がった企業は、合計で１３６万ポンドの売上を上げています。そのほとんどは、「それまで域外から購入していたものを域内で生産・供給するもの」で、地元での売上は96万２０００ポンドとの推定です。それだけのお金が、

「かつては地元経済から漏れ出ていたが、今では地元経済にとどまるようになっている」のです。

また、これらの地元起業家フォーラム出身の企業は合計で、地元の供給業者から直接18万ポンド分の調達をしているとのこと。このことからも地域内乗数効果を高めていることがわかります。そして、フルタイム換算で40人分の地元雇用を創り出し、その賃金の合計は69万５０００ポンドになります。この地元調達と地元雇用の数字を用いた結果、この地元起業家フォーラム出身の企業群による「地域内乗数効果」は、０・73であると計算されました。つまり、これらの企業が１００ポンド売り上げるたびに、地元経済には追加で73ポンドのお金が循環する、ということです。地域内乗数効果を上げつつ、実際に、地元経済の漏れ穴をふさぐ効果が出ていることがわかります。

先述したように、トットネスの「挑戦と成功の連鎖」の原動力は、「このままではいけない」という危機感と「自分たちの地域はこうありたい」というビジョンを共有する人々が、自分たちの地域に関する「客観的なデータや見通しを示す報告書」を共通の基盤として、「継続的に新規プロジェクトや起業を育み支援する場」と、「定期的に事業アイディアを発表して、地域のプロジェクトとしていく発射台」を有機的に組み合わせていることです。これこそが、「レジリエンスに富んだ新しい地域経済」を創造し、支えていくための社会インフラです。そして、その効果は、実際の数字でも実証されつつあるのです。

トットネスで取材している間に、何度も「新しい物語《ナラティブ》」という言葉を聞きました。私たちは「経済とはこういうもの」「地方と都市との関係はこういうもの」「成功とはこういうもの」などなど、意識的・無意識的な多くの思い込みを持っています。化石燃料をはじめとする資源の制約も温暖化の危機もなかった(ないように思えた)時代には通用した思い込みも、ピークオイルの危機と温暖化の影響が顕在化し、しなやかで強く、地元の人々の幸せにつながる地域経済が求められる時代には、通用しなくなっているものもあります。しかし、多くの人が相変わらず、古い思い込みにしがみつき、縛られています。

そこで必要なのが、「新しい物語」です。「地域の、地域による、地域のための経済」という新しい物語がトットネスで展開しつつあること、それが他の地域にも良い影響を与えつつあります。トットネスの取り組みと実績は、日本の地域でも「新しい物語」が生み出され、展開していく上で大いに参考と刺激になることでしょう。

おわりに

私は、海士町や下川町、水増集落、柏崎市など、いくつもの地域で「持続可能で幸せな地域」に向けてのお手伝いをさせてもらってきました。また、本書に登場している多くの地域や取り組みの取材をさせてもらっています。

「環境問題に関わっているアナタが、なぜ地域に関わっているの？」とよく聞かれます。それは、「未来は地域にしかない」と信じているからです。

政府の委員会の委員も務めている私は、国レベルでの効果的な政策を策定していくことの重要性も承知しています。しかし、その政策が実際に人々の行動変化として結実して、望ましい未来を創り出していく場は、霞ヶ関ではなく、地域なのです。

そんな思いで、地域のお手伝いをするようになりました。バックキャスティングでビジョンを描く。システム思考で地域の現在の構造を「見える化」する。人々の幸福度を測定し、施策に反映する。社会的合意形成をはかる。プロジェクトをＰＤＣＡサイクルで着実に推進していく――そのようなお手伝いをしながら、ここ数年、「やっぱり肝は地域経済だ」という思いを強くしてきました。そうして、地域の経済をしっかりと地域で回せるようになる未来に役立ちそうな、枠組みやツール、事例などを勉強してきました。日本だけではなく、英国やスペイン、米国など、世界各地の取り組みも大変参考になり、大きな刺激を与えてくれます。

「できるだけ実際に使ってもらえる本にしたい」という思いで、3年かけて、本書がやっと完成しました。

ずっと一緒に勉強しながら素晴らしいリサーチ能力をもって併走してくれた幸せ経済社会研究所研究員の新津尚子さん、快く資料を提供してくれたNEFのエリザベス・コックスさん、海士町の濱中香理さん、渡辺祐一郎さん、阿部裕志さん、青山敦士さん、下川町の蓑島豪さん、水増集落のみなさん、テイクエナジー社の竹元茂一さん、水俣市の松木幸蔵さん、石徹白の平野彰秀さん、神山町の大南信也さん、入善町の辰尻幸彦さん、環境エネルギー政策研究所の松原弘直さん、山下紀明さん、高知県地産地消・外商課の中村元彦さん、トットネスのジェイ・トンプトさんと仲間たち、翻訳をお手伝いいただいた中小路佳代子さん、五頭美知さん、丹下陽子さん、産業連関表について教えてくださった武蔵野大学の明石修さん、トットネスへの調査研究に助成してくださったアサヒグループ学術振興財団、そのほか地域で出会い、いつもいろいろと教えてくれるみなさんのおかげです。そして、企画段階から温かく見守り引っ張ってくれた編集者・島村典行さん。心からの感謝を伝えたいと思います。

「未来は地域にしかない」——その未来が少しでも明るく持続可能で幸せなものになるよう、これからも力を尽くしていきます。

枝廣淳子

枝廣淳子

大学院大学至善館教授，幸せ経済社会研究所所長，株式会社未来創造部代表．東京大学大学院教育心理学専攻修士課程修了．映画『不都合な真実2』(アル・ゴア氏著)の著書翻訳をはじめ，環境・エネルギー問題に関する講演，執筆，CSR コンサルティングや異業種勉強会等の活動を通じて，地球環境の現状や国内外の動き，新しい経済や社会のあり方，幸福度，レジリエンス(しなやかな強さ)を高めるための考え方や事例を伝え，変化の担い手を育む．中央環境審議会委員(環境省)，日本学術会議連携会員．主な著訳書に『成長の限界 人類の選択』(ダイヤモンド社)，『学習する組織』(英治出版)，『レジリエンスとは何か』(東洋経済新報社)，『大転換』(岩波書店)，『アニマルウェルフェアとは何か』『プラスチック汚染とは何か』(以上，岩波ブックレット)，『好循環のまちづくり！』(岩波新書) ほか多数．

地元経済を創りなおす
—分析・診断・対策　　岩波新書(新赤版)1704

2018年2月20日　第1刷発行
2023年7月14日　第8刷発行

著　者　枝廣淳子《えだひろじゅんこ》

発行者　坂本政謙

発行所　株式会社 岩波書店
〒101-8002 東京都千代田区一ツ橋 2-5-5
案内 03-5210-4000　営業部 03-5210-4111
https://www.iwanami.co.jp/

新書編集部 03-5210-4054
https://www.iwanami.co.jp/sin/

印刷・精興社　カバー・半七印刷　製本・牧製本

ISBN 978-4-00-431704-3　Printed in Japan

岩波新書新赤版一〇〇〇点に際して

ひとつの時代が終わったと言われて久しい。だが、その先にいかなる時代を展望するのか、私たちはその輪郭すら描きえていない。二〇世紀から持ち越した課題の多くは、未だ解決の緒を見つけることのできないままであり、二一世紀が新たに招きよせた問題も少なくない。グローバル資本主義の浸透、憎悪の連鎖、暴力の応酬――世界は混沌として深い不安の只中にある。

現代社会においては変化が常態となり、速さと新しさに絶対的な価値が与えられた。消費社会の深化と情報技術の革命は、種々の境界を無くし、人々の生活やコミュニケーションの様式を根底から変容させてきた。ライフスタイルは多様化し、一面では個人の生き方をそれぞれが選びとる時代が始まっている。同時に、新たな格差が生まれ、様々な次元での亀裂や分断が深まっている。社会や歴史に対する意識が揺らぎ、普遍的な理念に対する根本的な懐疑や、現実を変えることへの無力感がひそかに根を張りつつある。そして生きることに誰もが困難を覚える時代が到来している。

しかし、日常生活のそれぞれの場で、自由と民主主義を獲得し実践することを通じて、私たち自身がそうした閉塞を乗り超え、希望の時代の幕開けを告げてゆくことは不可能ではあるまい。そのために、いま求められていること――それは、個と個の間で開かれた対話を積み重ねながら、人間らしく生きることの条件について一人ひとりが粘り強く思考することではないか。その営みの糧となるものが、教養に外ならないと私たちは考える。歴史とは何か、よく生きるとはいかなることか、世界そして人間はどこへ向かうべきなのか――こうした根源的な問いとの格闘が、文化と知の厚みを作り出し、個人と社会を支える基盤としての教養となった。まさにそのような教養への道案内こそ、岩波新書が創刊以来、追求してきたことである。

岩波新書は、日中戦争下の一九三八年一一月に赤版として創刊された。創刊の辞は、道義の精神に則らない日本の行動を憂慮し、批判的精神と良心的行動の欠如を戒めつつ、現代人の現代的教養を刊行の目的とする、と謳っている。以後、青版、黄版、新赤版と装いを改めながら、合計二五〇〇点余りを世に問うてきた。そして、いままた新赤版が一〇〇〇点を迎えたのを機に、人間の理性と良心への信頼を再確認し、それに裏打ちされた文化を培っていく決意を込めて、新しい装丁のもとに再出発したいと思う。一冊一冊から吹き出す新風が一人でも多くの読者の許に届くこと、そして希望ある時代への想像力を豊かにかき立てることを切に願う。

（二〇〇六年四月）